Poitiers. — Imprimerie OUDIN.

LES MUSICIENS

ET

COMPOSITEURS FRANÇAIS

Troisième série. — Format grand in-8°.

STATUE DE DALAYRAC, A MURET (HAUTE-GARONNE).

LES MUSICIENS

ET

COMPOSITEURS FRANÇAIS

PRÉCÉDÉS D'UN

ESSAI SUR L'HISTOIRE DE LA MUSIQUE EN FRANCE AVANT LE XVIIe SIÈCLE

PAR

A. HANNEDOUCHE

Inspecteur de l'Enseignement primaire, Officier d'Académie.

« Le méchant ne chante pas. »
« L'homme qui n'a dans l'âme aucune musique
« et qui n'est pas ému par l'harmonie est capable
« de trahison, de stratagème et d'injustice. Les
« mouvements de son âme sont mornes et lents;
« ne vous fiez pas à un pareil homme. »

Shakespeare.

PARIS

LECÈNE, OUDIN ET Cie, ÉDITEURS

17, RUE BONAPARTE, 17.

—

1892

LES MUSICIENS

ET

COMPOSITEURS FRANÇAIS

ESSAI

SUR

L'HISTOIRE DE LA MUSIQUE

EN FRANCE

AVANT LE XVIIᵉ SIÈCLE

Ouvrez un solfège ou tout autre ouvrage traitant de chant ou d'art musical, vous y trouverez cette définition : « La *Musique* est l'art de combiner les sons d'une manière agréable à l'oreille. » Cette définition, pour être de J.-J. Rousseau, n'est pas la meilleure. Elle est cependant la plus répandue.

Pour ma part, elle ne me satisfait pas. Pourquoi ? Parce qu'elle est inexacte et incomplète. Et puis, dois-je l'avouer ? peut-être un peu aussi parce qu'elle vient de Rousseau, de l'écrivain qui, à propos de la musique, a mis sa plume au service d'une coterie antifrançaise, et qui a déversé presque des injures sur quelques-uns des compositeurs éminents dont j'ai esquissé la vie à grands traits dans le corps de cet ouvrage, sur ces hommes de cœur et de génie qui ont fondé la musique française.

J'estime Rousseau où il excelle, c'est-à-dire dans ce qu'il dit de bon, de juste, dans ce style enchanteur et admirable que l'on connaît : mais je ne l'aime plus du tout quand il cède à la passion, ni dans ses paradoxes, ni dans ses boutades. Après avoir étudié la vie des grands musiciens dont la France s'honore, je ne puis souscrire à l'appréciation de Rousseau, quand, dans sa lettre sur la musique française, il écrit : « Nos opéras français sont de traînantes et ennuyeuses lamentations auxquelles il ne manque pour assoupir tout le monde que d'être chantées juste et sans cris. — Il n'y a ni mesure, ni mélodie dans la musique française, parce que la langue n'en est pas susceptible, que le chant français n'est qu'un aboiement continuel, insupportable à toute oreille non prévenue. — Les Français n'ont pas de musique et n'en peuvent avoir, et si jamais ils en ont une ce sera tant pis pour eux. » Mais n'anticipons pas ; nous reparlerons de J.-J. Rousseau à propos de la querelle des *Lullistes* et des *Ramistes*, et de la *Guerre des Bouffons*, à la fin de cette notice.

On a donné de la musique de nombreuses définitions ; nous en donnons quelques-unes, laissant aux lecteurs le soin de choisir.

« La MUSIQUE, dit *Halévy*, est un art que Dieu semble nous avoir donné pour que toutes les voix, confondant leurs accents, lui portent les prières de la terre, mais dans un rythme harmonieux. »

« La MUSIQUE est un don de Dieu, dit *Luther,* et elle est alliée de près à la théologie. »

« La MUSIQUE est une contemplation par l'ouïe. »

« La MUSIQUE est une langue universelle qui raconte harmonieusement toutes les sensations de la vie. » (*M*^me *Cottin.*)

« La MUSIQUE crée un langage dont les plus ignorants

et les plus pauvres sentent toute la puissance et toute la douceur. » (*E. Montégut.*)

« La MUSIQUE endort le chagrin dans les cœurs agités. » (*Châteaubriand.*)

Nous bornerons là nos citations et nous ferons remarquer qu'avant de formuler et de résumer ainsi en une phrase concise les impressions nées de la musique, il a fallu une assez longue période d'éclosion à cet art enchanteur et divin.

Il n'entre pas dans le cadre de ce modeste ouvrage de donner une histoire complète de la musique, depuis qu'un berger s'est avisé de souffler dans un roseau et d'inventer le chalumeau, jusqu'aux grandes productions de nos jours.

Je n'ai pas dessein non plus de faire l'histoire de la musique dans l'antiquité, chez les Égyptiens, les Assyriens, les Grecs et les Romains. De même que je me suis borné à raconter la vie des musiciens et compositeurs nés en France et Français, en éliminant tous ceux qui, comme Lulli, avaient une origine étrangère, de même je ne veux parler dans cet essai que de l'histoire de la musique en France.

La musique telle que nous la connaissons aujourd'hui ne remonte pas bien loin dans l'histoire : elle ne date que du moyen-âge et c'est dans les chants de l'Église catholique qu'elle a pris naissance. Nous assistons à ses premiers bégaiements sous le pontificat de Sylvestre Iᵉʳ, de 314 à 336 de J.-C. Dans ses instructions au clergé des Gaules, ce pape recommande l'introduction du chant dans les cérémonies de l'Église naissante. Il fut puissamment aidé par saint Ambroise (340-397), évêque de Milan, et le chant créé par eux prit le nom de *chant ambrosien*.

Clovis, le fier Sicambre, ne fut pas insensible à la

musique. Voulant implanter dans sa capitale et dans les principales villes de ses États l'étude du chant, il fit demander un de ses meilleurs professeurs à Théodoric le Grand, roi des Ostrogoths (455-526). Le savant Boëce (470-524), qui jouissait encore alors à la cour de ce puissant monarque arien d'un crédit illimité, mais qui devait périr plus tard de la main de son maître, choisit, parmi ses chanteurs, le célèbre Acoride qui reçut la mission de se rendre en Gaule pour se mettre à la disposition du roi franc. Acoride emportait avec lui un citharède grec dont il jouait pour s'accompagner.

Acoride organisa des *musiques de chapelle*, composées d'enfants de chœur, qui furent placées sous la direction du maître le plus renommé de chacune des églises. Parmi les plus célèbres directeurs de *musiques de chapelle* l'histoire nous a conservé le nom du moine Augustin, envoyé par le pape Grégoire, et qui importa le plain-chant en Angleterre.

Nous devons aussi en passant une mention à saint Grégoire-le-Grand (540-604), que l'on a surnommé le *Père de la musique religieuse*. Ce pape composa un grand nombre d'hymnes qui furent chantées dans toutes les églises catholiques de son temps et qui contribuèrent considérablement à la diffusion du chant. Il apporta quelques réformes et fonda le *chant grégorien* ou le *plain-chant*. A partir de ce moment l'art musical prit un merveilleux essor, rencontra de fervents admirateurs et se substitua partout au *chant ambrosien*.

L'étude des morceaux de musique de cette époque présente des difficultés presque insurmontables : les savants et les érudits seuls pourront arriver à déchiffrer la notation bizarre que nous avons pu voir sur quelques manuscrits anciens : on se servait alors, en guise de notes, de simples points, ténus et minces dans la notation dite *saxonne*, carrés et plus accentués dans la notation dite *lombarde*. On ne connaissait alors ni clefs, ni portées, ni mesures.

Avant d'arriver à Charlemagne, nous citerons parmi les plus célèbres musiciens qui l'ont précédé : 1° Isidore, évêque de Séville, de 601 à 636, qui a donné de la musique la définition suivante : « La musique harmonique est une modulation de la voix ; c'est aussi une concordance de plusieurs sons et leur union simultanée ; » 2° Bède le Vénérable (672-735) ; 3° Aurélien, moine de Réomé (milieu du ix° siècle).

A partir du ix° siècle les progrès de la musique deviennent fort sensibles : une bonne part en revient à Charlemagne, qui veillait avec grand soin sur sa musique et sur ses musiciens. Aux yeux de ce célèbre prince, qui assistait assidûment à trois offices chantés en musique chaque jour dans son palais, il n'y avait de véritablement instruits que ceux qui savaient chanter. Tous les prêtres devaient être musiciens et l'entrée de son palais était interdite à ceux d'entre eux qui ne *savaient pas lire* et qui *ne connaissaient pas la musique*.

On rapporte au sujet de cette sévérité quelques anecdotes qui montrent combien était grande la passion de ce roi pour la musique. Un jour, il demanda au pape de lui envoyer deux maîtres chanteurs. Le pape n'avait rien à refuser au puissant monarque des Francs, il lui envoya les deux chanteurs demandés. Mais ces derniers, qui n'aimaient pas les Francs, s'ingénièrent malicieusement à enseigner le chant de deux manières différentes : Charlemagne se met dans une grande colère et fait repasser les Alpes à ces deux ambassadeurs musicaux.

Une autre fois l'irascible empereur emmène ses chantres avec lui dans un voyage à Rome, parce que… « l'eau étant plus pure à sa source que dans les ruisseaux qui coulent loin d'elle », c'est à Rome qu'ils doivent s'imprégner des bons principes. Mais les Romains se moquent des musiciens francs en disant qu'ils ont des *voix de taureaux*. Deux clercs musiciens étant parvenus toutefois à étudier leur art dans la ville des papes, Charlemagne en garda un près de lui et envoya l'autre à Metz, avec mission d'y créer une école de chant.

Un jour, Charlemagne reçut une ambassade byzantine qui s'était fait accompagner par quelques chapelains connaissant bien le chant oriental. Dès qu'il eut entendu les accents inconnus de ces chapelains, il en fut émerveillé et ordonna à ses clercs de chanter séance tenante comme venaient de le faire les ambassadeurs byzantins. Les pauvres clercs, qui ne connaissaient pas une note de ces chants étrangers, restèrent bouche bée. Charlemagne se mit dans une grande colère, fit enfermer ses musiciens dans une salle du palais, sans boire, ni manger, jusqu'à ce qu'ils chantassent comme leurs confrères orientaux. C'était radical, et si le moyen avait du bon, ce n'était pas pour l'estomac de ces pauvres clercs.

Vraies ou fausses, ces anecdotes nous montrent que le chant tenait une grande place dans les préoccupations du grand Empereur. L'école du Palais, dite école Palatine, sous la direction du grand Alcuin, deux écoles modèles fondées et entretenues à grands frais à Metz et à Soissons, et d'autres écoles établies dans les grandes villes de l'Empire, eurent sur les progrès de la musique une influence considérable.

Parmi les continuateurs de l'œuvre de Charlemagne nous trouvons Réginon, qui fut abbé de Prum ou Pruym

(province Rhénane), de 892 à 899 ; Odon de Cluny, né à
Tours en 878, mort en 942, qui laissa des ouvrages sur
le chant, et des hymnes ; le célèbre Hucbald, moine
de Saint-Amand, à la fin du IX° siècle, qui commence
à parler de la musique à plusieurs voix ; Bernon, noble
Bourguignon, devenu abbé de Cluny, mort en 927, et
Hermann Contractus ou Contract, ainsi nommé à cause
de la contraction de ses membres, moine de Reichenau
(1013-1054).

A cette époque, il se fit une transformation complète
dans le genre de notation. Mais avant de parler de l'invention de Guy d'Arezzo nous allons jeter un coup d'œil
sur les signes employés avant lui.

Nous avons vu plus haut qu'on employait la notation
saxonne et la notation *lombarde*. Toutes deux se faisaient
au moyen de points, faibles et minces dans la première,
carrés et forts dans la seconde, et qui portaient le nom
de *neumes*. Ces points étaient posés au-dessus du texte
à chanter, et la distance plus ou moins grande qui les
en séparait marquait le ton à donner à la voix. Cette
écriture vague et indécise présentait de grands incon-
vénients. Pour apporter quelque lumière dans ce chaos
de notes, on dut établir des points de repère. On plaça
au commencement de la ligne la lettre F et l'on décida
que toutes les notes qui se trouveraient à la hauteur
de cette lettre auraient le même son. C'était un progrès.

On plaça bientôt une seconde lettre, C, puis G, puis
A et enfin D. A chacune de ces cinq lettres correspondait une ligne imaginaire qui traçait comme un sillon
dans l'ensemble des neumes. De là à tracer des lignes
véritables sur le papier il n'y a qu'un pas et les lettres
donnèrent naissance aux lignes de la *portée*, encore en
usage de nos jours, quatre pour le plain-chant et cinq
pour la musique.

Les lettres restèrent longtemps au commencement de la portée et devinrent les différentes clefs dont nous faisons usage aujourd'hui. Après avoir subi de nombreuses altérations, la lettre F est devenu la clé de *Fa;* la lettre C est devenue la clé d'*Ut* et la lettre G est devenue la clé de *Sol.*

En même temps que s'améliorait l'écriture musicale, la musique scientifique ne restait pas stationnaire : à partir du viiie siècle, nous voyons apparaître et se développer le chant à plusieurs parties qu'on appela *organum* et *diaphonia.* Ce ne fut d'abord qu'une horrible cacophonie accueillie cependant avec enthousiasme par les uns, mais proscrite par les autres, parce qu'elle empêchait de comprendre le sens des paroles. Dans le chant *diaphonia* à deux voix, ou *organum duplum,* pendant qu'une voix exécutait la partie de chant, une autre répétait le même air à une quarte ou une quinte au-dessous. On donna le nom de *triplum, quadruplum, quintuplum,* aux chants à trois, quatre et cinq voix. Ce dernier était rarement employé et quelques spécimens seulement sont parvenus jusqu'à nous. Ce qu'il y avait de mieux en ce genre c'était la *symphonie* ou *organum duplum,* dont les deux voix se tenaient à la distance d'une octave.

Ce fut d'abord à l'église que le chant organum fut employé et au chant grégorien qu'il fut appliqué sous le nom de *déchant* ou *discantus.*

C'est alors que parut *Gui l'Arétin,* plus connu sous le nom de *Guy* ou *Guido d'Arezzo,* moine bénédictin de l'abbaye de Pomposa, duché de Ferrare, né vers 990. Ce savant enseignait la musique dans son couvent : on lui a longtemps attribué l'invention de la *gamme,* de la portée, des clefs ; c'est à tort : la gamme, la portée, les clefs étaient en usage avant lui. Guy d'Arezzo n'a que deux inventions à son actif, mais elles ont une grande importance. D'abord, c'est lui qui a donné leurs noms aux notes de la gamme, désignées jusqu'alors par les premières lettres de l'alphabet. Ces noms sont tirés d'une hymne latine, en l'honneur de saint Jean, qu'il faisait souvent répéter à ses élèves :

> **Ut** queant laxis
> **Re**sonare fibris
> **Mi**ra gestorum
> **Fa**muli tuorum
> **Sol**ve polluti
> **La**bii reatum

Cette hymne a été choisie à dessein : les syllabes *ut, ré, mi, fa, sol, la*, du verset ci-dessus, montaient d'un ton ou d'un demi-ton : comme on les chantait souvent, elles servirent de mnémonique pour retenir les notes de la gamme et les sons correspondants. Comme seconde amélioration, Guy d'Arezzo fit admettre cette règle : « Toutes les notes placées sur la même ligne doivent avoir la même signification. » Cette loi, qui nous paraît aujourd'hui si simple et si naturelle, a cependant eu besoin d'être formulée par un homme supérieur pour être partout adoptée. Guy d'Arezzo a fixé les règles du chant et de la musique dans son célèbre ouvrage : *le Micrologue.*

Le chant d'église profita des découvertes et des inventions de Guy d'Arezzo et de ses prédécesseurs ; il se développa rapidement et bientôt nous voyons apparaître l'orgue qui fut, lui aussi, longtemps contesté. Les puristes, l'abbé Riéval en tête, protestaient encore au xiie siècle contre le « *tonnerre de ses soufflets* ».

A partir du siècle suivant, le *déchant* et l'orgue triomphent. Guillaume de Nangis, le moine chroniqueur du xiiie siècle, nous a conservé le souvenir de la

messe solennelle « *à chant et à déchant* » avec accompagnement d'orgue et d'instruments à cordes, que
saint Louis fit exécuter, pendant la croisade de Pales-
tine, dans l'église de Nazareth. « Le lendemain, dit-il,
dévotement il fit chanter la messe et solennellement
glorieuses vespres et matines et tout le service à chant
et à déchant à augre et à trèble; à l'autel où li augre
fit l'annonciation à la Vierge Marie, fut la messe chantée, et illucques reçut moult dévotement son Sau-
veur.

Parallèlement à la musique religieuse, la musique
profane avait aussi fait du progrès. Charlemagne, tout
en considérant le plain-chant comme la seule musique
digne d'un homme libre, ne méprisait pas les refrains
joyeux des jongleurs. Les chants guerriers surtout,
appelés *bardits*, avaient de la vogue : on a conservé le
chant composé sur la bataille de Fontanet (841) par
un poète de ce temps-là, Angelbert. Plusieurs autres
chants de guerre parurent à l'occasion des guerres qui
signalèrent les règnes des successeurs de Charlemagne
et devinrent tellement populaires... « qu'ils volaient de
bouche en bouche, et que les femmes les chantaient,
en dansant et en battant des mains ».

Les bardes, les trouvères, les troubadours, les ménestrels, les jongleurs et les jongleresses contribuèrent pour une large part au développement et au progrès de la musique profane. Grâce à ces poètes et
musiciens ambulants, le chant fut goûté, la musique
tint une place d'honneur, non seulement dans les châ-
teaux des grands seigneurs, mais jusque dans les plus
humbles maisons. La loi galloise disait : « Que faut-il
à un noble Gallois? un coussin sur sa chaise, une femme
vertueuse et une harpe bien acordée . »

Les trouvères et ménestrels parcouraient la France

en chantant, mais au carême les chants cessaient
jusqu'à Pâques. Ces habiles musiciens profitaient du
silence forcé auquel les condamnaient les lois de
l'Église, pour ouvrir des écoles où ils enseignaient
chansons et refrains et entre temps renouveler leur
répertoire en apprenant de nouvelles mélodies. Ces
écoles, appelées *Scholæ mimorum* ou *Ménestrandies*,
sont nos premiers conservatoires de musique. On en
ouvrit une à Soissons, qui rivalisait avec Metz, d'autres
à Poitiers, à Orléans, à Clermont, à Aix, etc.

Ces airs colportés ainsi par toute la France devinrent
si populaires qu'ils s'introduisirent dans les églises,
et l'on chanta des psaumes sur l'air des vilanelles,
avec force vocalises et fioritures. Les papes et le con-
cile de Trente durent intervenir pour faire cesser cette
confusion que supportait fort bien la foi naïve de nos
pères : « Il faut, dit Jean XXIII, que les hommes
chantent d'une manière virile et non avec des voix
aiguës et factices, en imitant les femmes; il faut qu'ils
évitent de chanter d'une voix lascive et légère, comme
les histrions. » Les recommandations papales et les
ordonnances des conciles restèrent lettres mortes.

Avant d'aller plus loin, et dans un ouvrage biographique du genre de celui-ci, nous voulons donner les
noms de quelques poètes du moyen-âge, troubadours
ou trouvères, qui étaient en même temps musiciens,
et qui ont contribué pour une large part à répandre
dans les masses le goût du chant et de la musique
Nous citerons :

Arnauld de Mareuil (1170-1200);

L'ardent Bertrand de Born, comte de Hautefort,
surnommé *le Juvénal* du moyen-âge, l'ami d'Henri
Court-Mantèl et l'auteur de *Sirventes*, qui peignent les
mœurs de cette époque ;

Folquet ou Foulques de Marseille (1155-1231), d'abord troubadour, puis évêque de Toulouse ; il prêche la croisade contre les Albigeois, qui lui donnèrent le surnom d'*Évêque des diables* ;

Peyre ou Pierre Vidal (1160-1200), troubadour provençal, qui, après avoir beaucoup chanté, fut condamné à avoir la langue percée ;

Gillebert de Berneville, un vrai poète, chantant ses vers sur de gracieuses mélodies ;

Adam de la Halle, surnommé le *Bossu d'Arras*, l'auteur du *Jeu de Robin et de Marion* ;

Jean Bodel, d'Arras, l'auteur de *Guiteclin de Sassaigne* (Witikind de Saxe), ou *chanson des Saxons*.

Monniot d'Arras et Monniot de Paris, auteurs du *Dit de Fortune* ;

Perrin ou Pierre d'Angecourt, né dans les Ardennes, en 1172, auteur de vingt-sept chansons, écrites en l'honneur de sa *Mie* ;

Colin Muset, qui paraît être l'inventeur de la musette ;

Thibaut, comte de Champagne, surnommé le *Faiseur de chansons*, qui nous a laissé soixante-six pièces de poésie qui ne manquent pas de charme, et dans lesquelles il a, le premier, fait succéder deux rimes féminines à deux rimes masculines ;

Blondel, de Nesle, appelé aussi Blondel d'Arras, dont le dévouement est resté légendaire, quoique l'anecdote qui nous le montre délivrant son maître, Richard Cœur-de-Lion, languissant dans les prisons du duc d'Autriche, soit loin d'être prouvée.

Et enfin, Jean des Murs ou Jean de Muris, chanoine de Paris, qui écrivit en 1338 le *Miroir du déchant*.

Si la musique a pris naissance dans l'Église, le théâtre a eu le même berceau.

Au moyen-âge, on trouve des compositions religieuses, tirées de l'Ancien et du Nouveau Testament, de la Vie des Saints, des souvenirs de la Terre-Sainte, où les scènes de la Passion tiennent une large place. Ces représentations, connues sous le nom de *Mystères*, eurent lieu d'abord dans les églises, et le clergé, loin de se montrer hostile à la mise en scène des symboles mythiques et des origines légendaires de la religion catholique, se passionna pour ces jeux de théâtre. Plusieurs de ces pièces prirent des proportions considérables et les principales fêtes de l'année étaient l'occasion de grandes exhibitions théâtrales. Le chœur de l'église était affecté à la scène et les spectateurs se tenaient dans l'intérieur, allant et venant; le public se renouvelait sans cesse, car les pièces duraient plusieurs jours, et on assistait à un ou deux tableaux selon son goût et ses loisirs. La pièce se terminait par un *Te Deum* chanté en chœur par les acteurs et les assistants au milieu des démonstrations de la joie la plus vive. Bientôt des danses se mêlèrent à ces représentations, des sujets moins sérieux remplacèrent les *Mystères*; aux représentations religieuses succédèrent des sujets plus profanes, et l'Église vit la *Fêtes des Fous* et les *Fêtes de l'âne*, qui donnèrent naissance à des scandales de toutes sortes.

L'autorité ecclésiastique, après avoir laissé faire, voulut enrayer le courant : on fit semblant de se soumettre en jouant des *Moralités* qui ne tardèrent pas à dégénérer en *Chansons de gestes*, en *Soties* et en *Farces*. Le public avait pris goût à ces représentations et quand on voulut contrarier son penchant, il chercha un théâtre en dehors de l'église. De ce moment, les prêtres qui avaient eu le monopole des représentations des Mystères eurent des concurrents sérieux dans la

Confrérie de la Passion, constituée par ordonnance de Philippe le Bel, en 1302, et composée d'ouvriers qui se mirent à jouer aussi, non seulement des *Mystères*, des *Moralités* et des *Soties*, mais encore les *Jeux* et les compositions dramatiques des auteurs de cette époque. C'est ainsi que nous voyons représenter le *Jeu de St Nicolas*, de Jean Bodel, le *Mystère de St Théophile*, de Rutebeuf, le *Jeu de Robin et de Marion*, d'Adam de la Halle, qui avait été exécuté pour la première fois, en 1285, à Naples. Une foule d'autres compositions du même genre, *les Vierges sages et les Vierges folles*, *Daniel*, *le Fils de Gédéon*, *le Juif volé*, *les Trois Maries*, le grand drame d'*Adam*, se partagèrent la faveur populaire.

Mélodie, chant, déchant, instrument de formes variées, tout était employé dans ces représentations dramatiques, et la musique y tenait une place tellement importante que nous pouvons les considérer comme les premières ébauches de nos opéras actuels.

L'instrument le plus à la mode était le luth, qui seul avait conquis le monopole de se faire entendre à côté des chanteurs en renom, entre les mains des amateurs les plus délicats. Mais dans les représentations dramatiques on admettlait une foule d'autres instruments, affectant les formes les plus bizarres. Nous citerons d'après M. A. Rambaud (*Histoire de la civilisation*), parmi les principaux instruments à cordes : « la viole, la vielle à archet, la vielle à roue, appelée aussi chifonie, la gigue, le rebec, la mandore, la mandoline, la guiterne, la guitare, la harpe à vingt-quatre cordes, la harpe double, ou harpe irlandaise, à quarante-huit cordes, l'archiluth, le psaltérion ou canon dont on frappait les cordes avec des baguettes. Parmi les instruments à vent figurent : le chalumeau, le flageolet,

le fifre, la flûte, la flûte traversière, la bombarde, le
hautbois, la chevrette, la musette, le biniou, la cornemuse ; puis de nombreuses trompettes, cors, cornets, cornets à bouquin, clairons. Comme instruments de percussion on trouve : les tambours, les
tambourins, les tympanons, les timbales, les nacaires,
les galoubets, les caisses, grosses caisses, bedons,
clochettes, cymbales, grelots, triangles, castagnettes,
cliquettes. »

« Il serait plus facile, continue M. Rambaud, de
citer les instruments qui ne se montrèrent que plus
tard : le violon se forme du xvᵉ au xviᵉ siècle ; le
basson est inventé, par Afriano de Pavie, au xviᵉ siècle ; le trombone à coulisse, le serpent, le théorbe, à
la même époque. Les premiers instruments à clavier,
épinette, harpsichorde, virginal, clavicorde, apparais-
sent à la fin du xivᵉ et se généralisent au xviᵉ siècle. »

Si des œuvres nous passons aux musiciens, nous
trouvons que, depuis Guy d'Arezzo jusqu'au milieu du
xivᵉ siècle, il ne s'est pas rencontré en France de
compositeur digne d'être cité. Mais vers 1350 parais-
sent Philippe de Vitry, surnommé de son temps *la
Fleur et la Perle des chantres*, Guillaume Dufay qui opéra
une véritable révolution dans l'art d'écrire et de noter
la musique, Guillaume de Machault, qui compose entre
autres choses une messe pour le sacre du roi Charles V.

«Au xvᵉ siècle, les musiciens deviennent assez nombreux pour constituer une école, et c'est dans le nord
de la France et dans la Belgique que se trouvent les
premiers maîtres, qui, tout en continuant la tradition
musicale des trouvères de l'Artois et de la Picardie,
instruisirent les maîtres italiens du xviᵉ siècle. »
(H. Lavoix fils.)

A partir du xviᵉ siècle, les musiciens abondent de

tous côtés, tous écrivant à plusieurs parties chansons
et madrigaux. La France tint la tête pendant la première moitié de ce siècle, mais elle fut écrasée par ses
rivaux italiens dans la seconde moitié, sur ce champ de
bataille artistique.

A partir de ce moment, l'histoire de la musique en
France se lie intimement à l'histoire des musiciens et
des compositeurs célèbres qui se succédèrent dès lors
sans interruption.

Parmi les principaux artistes qui commencèrent à
cultiver l'art difficile de la composition nous trouvons :

JOSQUIN DESPREZ

Josquin Desprez, né vers 1450, à Condé ou Cambrai,
mort en 1521. Attaché comme premier chanteur à la
cour de Louis XII, il composa, pour la faible voix de ce
prince, un motet qui lui valut la promesse d'un bénéfice. Le roi ne s'exécutant pas assez vite, le musicien
composa un second motet sur un texte latin dont le
sens était : *Seigneur, souvenez-vous de vos promesses.*
Louis XII comprit l'allusion et conféra le bénéfice.
Josquin Desprez mérita les surnoms de *Prince des musiciens,* de *Maître des Notes,* et les chroniques de
l'époque le représentent comme le compositeur le plus
admiré de toute l'Europe. Sa musique se fait remarquer par la liberté et la facilité : ses chansons ont de la
grâce et sont empreintes d'un caractère de malice spirituelle et de verve plaisante qui va parfois jusqu'à la
facétie.

CLÉMENT JEANNEQUIN

Clément JEANNEQUIN, contemporain et rival de Josquin Desprez, se fait surtout remarquer par sa façon heureuse d'écrire la musique imitative. Reproduire les bruits de la nature semble avoir toujours été l'idéal de Jeannequin. Ce genre de musique était fort goûté à cette époque, et on s'extasiait devant les productions de ce compositeur, qui leur a dû toute sa réputation. On a de lui *la Bataille de Marignan*, *le Caquet des femmes*, *le Rossignol*, *l'Alouette*. *La Chasse du lièvre*, de Nicolas Gombert, est dans le même genre.

DUCAURROY

DUCAURROY (Eustache) est né en 1549, à Gerberoy. Il devint maître de la chapelle royale sous Charles IX et Henri III et fut nommé par Henri IV surintendant de sa musique. Il est l'auteur d'une *Messe des Morts* qui fut seule chantée aux obsèques des rois de France, à Saint-Denis, jusqu'au xviiie siècle. Il passe pour être l'auteur de l'air populaire de *la charmante Gabrielle*.

GOUDIMEL

Goudimel (Claude) est né en Franche-Comté, vers 1510. D'abord maître de chapelle à Besançon, il se rendit à Rome pour y fonder une école d'où sortit l'illustre Palestrina. Rentré en France, en 1555, il se fixa à Lyon et embrassa le calvinisme : il fut tué, le 24 août 1572, lors du massacre de la Saint-Barthélemy. Les compositions de Goudimel se font remarquer par la pureté de l'harmonie et placent leur auteur au rang des maîtres qui fondèrent l'école française. On lui doit des *Psaumes* et des *Odes d'Horace* mises en musique.

ROLLAND DE LATTRE

Roland de Lattre, connu aussi sous les noms italianisés de Orlando Lasso, ou Roland de Lassus, naquit à Mons, en 1520. Il était enfant de chœur dans une église de sa ville natale, lorsque la beauté de sa voix le fit enlever à trois reprises différentes. Ferdinand de Gonzague, qui voulait attacher le jeune musicien à sa personne, réussit à vaincre la résistance de ses parents : il l'emmena en Italie. De retour dans son pays, où le rappelait la mort de ses parents, et après plusieurs voyages, Roland finit par accepter les offres du duc Albert de Bavière, qui lui confia la maîtrise de la chapelle royale de Munich. Il remplit ses fonctions avec beau-

coup de talent. Il se rendait en France, appelé par
Charles IX, lorsqu'il apprit à Francfort la mort de ce
malheureux roi. Il rebroussa chemin et rentra à la
cour de Munich. Dans les dernières années de sa vie,
il perdit la raison et mourut le 14 juin 1594. Il composa
des chants en six, sept et huit parties et mérita d'être
surnommé le *Prince des Musiciens*. Une gravure du
temps le représente avec cette inscription : *Orlando
Lassus, musicus excellens*. Voici ce que dit de Roland
de Lattre un de ses éditeurs, Adrien Le Roy, homme
de mérite et versé dans la musique : « Roland de Lattre est un grand maître et suprême ouvrier dont les
admirables inventions, les ingénieuses dispositions, la
liberté hardie, la plaisante harmonie font de sa musique le patron et l'exemplaire sur lequel on se peut seu-
rement arrêter. »

La France, qui avait montré la voie, avait pris une
part active dans le mouvement musical aux XIV° et XV°
siècles; mais à partir de la seconde moitié du XVI°, nous
voyons l'Italie prendre la prééminence avec Palestrina,
élève du français Goudimel. Toute une génération de
grands artistes jeta sur l'Italie un vif éclat artistique.
Nous n'avons pas à faire l'histoire de la musique en
Italie et nous nous contenterons de nommer les plus
illustres compositeurs de ce pays : Palestrina (1524-
1594), — Vittoria (1540-1608), — Allegri (1560-1640),
— Carissimi (1582-1672), — Monteverde (1568-1643), —
Frescobaldi (1587-1654) et le célèbre Lulli (1633-1687),
qui servit de trait d'union entre la musique italienne et
la musique française.

A côté de ces illustrations musicales de l'Italie, la France faisait petite figure. Elle reprit toutefois possession d'elle-même, timidement d'abord, avec Cambert (1628-1677), Campra (1660-1744), Couperin (1668-1733), Marchand (1669-1757), d'une manière plus éclatante avec Lalande (1657-1726) et enfin victorieusement avec Rameau (1683-1764).

Nous continuons nos études biographiques sur les musiciens et compositeurs exclusivement français, c'est-à-dire qui ont contribué à fonder chez nous une musique nationale, une musique française.

LALANDE

Lalande (Michel-Richard de) est né à Paris le 15 décembre 1657. Quinzième enfant d'un pauvre tailleur qui n'avait que le produit de son aiguille pour subvenir aux besoins de sa nombreuse famille, le jeune Michel fut placé, tout jeune encore, au nombre des enfants de chœur de l'église Saint-Germain-l'Auxerrois, et apprit les premiers rudiments de la musique sous la direction de Chaperon.

Lalande avait une voix pure et sonore; il devint bientôt l'élève favori du maître de chapelle qui se plaisait à le faire chanter dans les grandes solennités. Intelligent, sérieux, travailleur, le futur musicien se mit résolûment à l'étude. Doué d'une énergie vraiment exceptionnelle dans un âge aussi tendre, il employait au travail la plus grande partie de ses nuits; il apprit, pour ainsi dire seul et en peu de temps, à jouer du violon, du clavecin, de la basse, de la viole et de plusieurs autres instruments, tout en s'exerçant à écrire ses idées musicales selon les règles de l'art.

A quinze ans, par suite de l'altération de sa voix causée par la mue, Lalande dut quitter la maîtrise de Saint-Germain-l'Auxerrois. Ce ne fut pas sans regret qu'il abandonna la place où sa belle voix de soprano lui avait valu ses premiers succès, pour entrer dans l'inconnu. Ses regrets furent partagés par son maître, heureux et fier d'avoir formé un élève aussi distingué, que les amateurs ne viendraient plus entendre les jours de fêtes.

Un de ses beaux-frères, homme généreux et intelligent, lui donna une place à son foyer ; pour faire connaître les talents de l'ancien enfant de chœur, il organisa de petits concerts hebdomadaires, où le jeune virtuose se faisait entendre et recevait les applaudissements des auditeurs.

L'instrument que Lalande affectionnait le plus était le violon. Confiant dans sa force, il se présenta à Lulli pour faire partie des musiciens de son orchestre. Sa demande fut repoussée. Il en conçut un dépit si violent qu'il brisa son violon et renonça pour toujours à cet instrument. Heureusement, il avait d'autres ressources et il se mit à étudier l'orgue. Ses progrès rapides ne tardèrent pas à le faire connaître et il devint en même temps organiste dans quatre églises différentes : à Saint-Gervais, à Saint-Jean, aux Grands-Jésuites et au Petit-Saint-Antoine. Le cumul de ces places s'explique par ce fait que plusieurs organistes étaient attachés à la même église et qu'ils se remplaçaient tous les trois ou quatre mois.

Le père jésuite Fleuriau, qui avait eu l'occasion, dans la chapelle du couvent, d'apprécier le talent de Lalande, lui confia la mission de composer les symphonies et les chœurs de plusieurs tragédies destinées à être représentées à la maison professe des Jésuites : le jeune musicien s'acquitta de cette tâche à la satisfaction générale de l'auditoire.

A quelque temps de là, le poste d'organiste du roi étant devenu vacant, Lalande se mit sur les rangs et concourut. Il se fit entendre de Louis XIV à Saint-Germain, en présence de Lulli, juge du concours. Ce dernier, qui ignorait le nom du postulant, ne put s'empêcher de dire au roi : « *Si le poste doit être donné au mérite, c'est à celui-ci qu'il est dû.* » Il paraît que c'est la seule fois de sa vie que Lulli rendit justice à Lalande. Malheureusement, le lauréat du concours fut trouvé trop jeune pour remplir un poste si envié qui revenait de droit à sa supériorité. Les intrigants de la cour (et l'on sait s'ils étaient nombreux et remuants) se mêlèrent de cette affaire et Lalande fut évincé, emportant toutefois un juste sentiment de sa valeur et la satisfaction d'avoir arraché un vote favorable à l'homme qui s'était si sévèrement prononcé contre lui à ses débuts.

Cette aventure fit quelque bruit et les sympathies ne manquèrent pas d'arriver nombreuses à Lalande : malgré des disgrâces successives, son nom commençait à se répandre dans la ville et de tous côtés, on lui demandait des leçons : la justice, le bon droit et la véritable valeur finissent toujours par être reconnus.

Au nombre des élèves de Lalande, se trouvaient les filles du maréchal de Noailles. Ce dernier, très satisfait des leçons de ce professeur, le recommanda au roi et, peu de temps après, le jeune artiste devenait maître de musique des princesses royales qui devinrent plus tard Madame la duchesse d'Orléans et Madame la Duchesse. Une fois entré à la cour, Lalande, qui s'acquittait du reste avec une grande ponctualité des devoirs de sa charge, ne tarda pas à se faire aimer et à faire aimer sa musique. Aussi, le roi, appréciant son mérite, venait souvent le voir et lui faisait composer de la musique sur des paroles françaises. Il ne tarda pas à lui confier la charge de maître de musique de sa chambre.

En 1683, Lalande fut nommé surintendant de la chapelle. Avant cette époque, il n'y avait que trois charges de surintendants, mais lorsque Dumont et Robert prirent leur retraite, le roi décida qu'il y aurait une charge de plus. Robert présenta Goupillet comme son successeur ; l'archevêque de Reims soutenait Minoret, et Lulli, que l'on trouvait toujours lorsqu'il fallait être désagréable à Lalande, patronnait fortement Colasse. Lorsque les trois protecteurs eurent fait ressortir les qualités particulières de leurs protégés, le roi leur dit : « Messieurs, j'ai accepté ceux que vous m'avez présentés ; il est juste que je choisisse à mon tour un sujet de mon goût, et c'est Lalande que je prends pour remplir le quartier de janvier. » Chaque surintendant était de service pendant trois mois. Plus tard, par suite de la retraite ou du décès des collègues de Lalande, leurs charges furent supprimées et réunies en une seule dont le protégé du roi devint l'heureux titulaire.

En 1684, Louis XIV donna une nouvelle marque de sollicitude pour son organiste en lui faisant épouser la meilleure cantatrice de sa chambre, Anna Rebel, qu'il dota magnifiquement sur sa cassette particulière. De ce mariage, Lalande eut deux filles : il les fit élever avec grand soin et ne négligea rien pour en faire deux musiciennes distinguées. Comme leur père, quand il était enfant de chœur à Saint-Germain-l'Auxerrois, les deux jeunes filles avaient des voix superbes.

Louis XIV, qui les entendit en 1704, les admit à la chapelle et leur donna à chacune un traitement annuel de mille livres. Lalande, qui composait presque seul la musique religieuse de la cour, leur donnait à exécuter des morceaux qui mettaient en relief la beauté de leur voix.

Malheureusement, le bonheur dont jouissait Lalande ne fut pas de longue durée. En 1711, ces deux jeunes filles accomplies, qui faisaient sa joie et sa consolation, furent atteintes par l'épidémie de la petite vérole, et

enlevées en douze jours par la terrible maladie qui, à
la même époque, emporta le Dauphin et tant de personnes de la cour.

Anéanti par cette double catastrophe, Lalande resta
longtemps éloigné de la cour. Cependant, un jour vint
où il dut reprendre son service. Il n'osait s'approcher
de Louis XIV qui avait aussi à pleurer la mort de
plusieurs des siens. Ayant aperçu le surintendant de
sa chapelle, le roi l'appela et lui dit : « Vous avez
perdu deux filles qui avaient bien du mérite, moi, j'ai
perdu Monseigneur..... Lalande, il faut se soumettre. »

Lalande continua de diriger la musique de la cour
jusqu'à la mort de son protecteur ; avant de mourir, le
roi ajouta encore aux largesses dont il l'avait comblé
plusieurs pensions dont une de six mille francs sur les
bénéfices de l'Opéra et le cordon de l'ordre de Saint-
Michel.

Louis XV et le régent s'occupèrent peu de la chapelle. La musique de la cour, pour laquelle le roi
Louis XIV dépensait annuellement trois cent mille
francs, tomba à peu près dans l'abandon. Toutefois,
Lalande conserva son emploi jusqu'en 1722. A cette
époque, notre artiste vit s'ajouter à ses chagrins précédents un nouveau malheur qui lui fut très sensible :
il perdit sa femme. Il profita de cette triste circonstance pour se retirer. Louis XV le gratifia d'une pension de retraite de trois mille livres.

Lalande ne put supporter la solitude et l'ennui qui
s'emparèrent de lui après la mort de sa femme et le
retrait de son emploi : il se remaria en 1723 avec la
fille de Cury, le médecin de la princesse de Conti.
Cette union fut heureuse, mais elle dura trop peu, car
il mourut le 18 juin 1726, à l'âge de soixante-sept ans,
après être resté quarante-cinq ans à la cour.

Lalande fut le plus habile compositeur de son temps pour la musique religieuse. On retrouve dans ses compositions des réminiscences du style de Carissimi, appropriées au goût français. Il excella surtout dans l'art de bien exprimer le sens des paroles, et ses chœurs, écrits en général dans le genre fugué, étaient d'un puissant effet. Pour le service de la chapelle royale, il composa soixante motifs que le roi fit éditer avec luxe.

« Dans cette belle chapelle du château de Versailles, en présence des grands, des seigneurs et de personnes dont le goût était si exercé, au milieu de magnificences accumulées, d'œuvres artistiques qui se distinguaient toutes par un caractère de grandeur et de majesté, ce n'a pas été pour Lalande un faible titre de gloire que de diriger l'exécution d'une musique religieuse en harmonie avec cet ensemble extraordinaire, et d'y faire entendre avec succès ses propres compositions pendant près de quarante années. » (F. Clément.)

Le fils du pauvre tailleur parisien a peu travaillé pour le théâtre : on n'a de lui que la musique de la comédie de *Mélicerte*, de Molière, et du ballet des *Éléments*, dont Roy avait écrit les paroles et dont le roi Louis XIV lui-même avait tracé le libretto. On cite surtout dans cette pièce l'acte du *Feu*.

STATUE DE RAMEAU A DIJON

RAMEAU

Jean-Philippe Rameau, le plus célèbre compositeur du xviii° siècle, est né à Dijon, le 25 octobre 1683. De bonne heure il montra une grande aptitude pour la musique, et l'éducation qu'il reçut au sein de sa famille contribua puissamment à développer les heureuses dispositions qu'il avait reçues de la nature.

Le petit Jean profita des leçons que lui donna son père, professeur de clavecin, et à sept ans, il lisait couramment la musique. Pendant les fréquentes absences que son père était obligé de faire pour donner ses leçons, le futur musicien s'emparait du clavecin paternel et accompagnait de petites ariettes qu'il composait d'instinct. Ses parents s'inquiétèrent bientôt de voir toutes ses pensées tournées exclusivement vers la musique et voulurent contrarier sa vocation. Ils dirigèrent les vues de l'enfant vers un autre but, et pour le détourner de la musique, ils l'envoyèrent au collège des Jésuites de leur ville afin de lui faire donner une instruction solide qui pût lui permettre d'entrer plus tard dans la magistrature.

Le nouveau collégien ne mordit pas au miel attique. Toujours préoccupé de son art de prédilection, il rêvait ariettes et chansons, il fredonnait constamment des airs de son invention et répondait par une ritournelle ou un entrechat aux questions de ses professeurs sur les règles du génitif ou de l'ablatif. Ses cahiers étaient bariolés de notes, de fragments de sonates ou de traits de solfège. Le travail régulier lui pesait, et avant d'avoir achevé sa quatrième, il fut mis à la porte par ses professeurs.

Dès ce moment, son père n'essaya pas de contrarier une vocation si décidée. Il la seconda au contraire en procurant à son fils les moyens de satisfaire ses penchants.

A dix-huit ans, le jeune Rameau quitta sa ville natale et se dirigea vers l'Italie, la terre classique des chefs-d'œuvre rêvée par tous les artistes : il s'arrêta à Milan. A son retour, il s'engagea comme premier violon dans une troupe de comédiens ambulants qui avaient besoin d'un orchestre et avec eux il s'arrêta dans les grandes villes de la France méridionale, Marseille, Lyon, Nîmes, Montpellier, Albi, revit sa ville natale et pour mettre fin à cette vie nomade il rentra dans la capitale en 1717. Il avait alors 34 ans. Il concourut pour obtenir la place d'organiste, alors vacante à l'église de Saint-Paul. Il échoua : le jury, que présidait Marchand, l'organiste des Grands-Cordeliers, jaloux du talent de Rameau, donna la préférence à un médiocre joueur de clavecin, nommé Daquin. Outré de cette injustice, Rameau ne voulut plus rester à Paris. Il se rendit à Lille, où il accepta, pour vivre, une modeste place d'organiste qu'il abandonna bientôt pour venir occuper un poste semblable à Clermont-Ferrand. C'est pendant le séjour de quatre ans qu'il fit dans cette ville que son talent se développa. Il approfondit par des études opiniâtres les côtés théoriques de son art, et fit ses premiers essais dans la composition. Il écrivit son premier *Traité d'harmonie* et fixa les règles d'une orchestration savante et raisonnée dans son *Traité de la Basse fondamentale.* Entre temps, il composa une foule de *motets* et de pièces diverses pour l'orgue et le clavecin.

En 1721, brûlant du désir de se produire sur une scène plus grande, il voulut retourner à Paris, mais les chanoines de Clermont-Ferrand ne voulurent pas lui donner son congé : il les y força en jouant atrocement mal, à l'office de la Fête-Dieu. Il ne voulut pas cependant laisser les Clermontois sous une fâcheuse impression, et le jour de son départ il joua de façon à exciter les plus vifs regrets. De retour à Paris, il obtint, au concours, la place d'organiste à l'église de Sainte-Croix-de-la-Bretonnerie.

C'est alors que se sentant appelé à faire de grandes choses il résolut de fonder la science de l'harmonie et de régénérer l'opéra. Alexis Piron, son compatriote et son ami, qui pressentait le génie novateur et progressiste de Rameau, désireux de seconder une ambition si légitime, l'engagea à composer des ariettes et des divertissements pour le théâtre de la Foire, où lui-même il avait obtenu déjà de nombreux succès. Afin de faciliter à son ami l'accès du théâtre, il lui demanda d'orner de musique quelques-uns de ses opéras-comiques, tels que *la Rose, l'Enrôlement d'Arlequin, l'Endriague, le faux Rodrigue,* etc. Rameau eut des succès aux spectacles populaires de la foire et jusqu'en 1732, il composa un certain nombre d'ouvrages, à peu près ignorés aujourd'hui, pour les théâtres forains où il tenait lui-même le bâton de chef d'orchestre.

Le compositeur toutefois visait plus haut, et voulait aborder le grand théâtre. Mais les poètes refusaient de lui livrer leurs écrits. Repoussé brutalement par Houdard de Lamotte, il obtint enfin de Voltaire les paroles de son opéra de *Samson.*

L'abbé Pellegrin qui, au dire de Saint-Remy,

> ..... Dînait de l'autel et soupait du théâtre,
> Le matin catholique et le soir idolâtre,

refusa de lui confier les paroles d'*Hippolyte et Aricie*. Un riche amateur, le fermier général La Popelinière, servit d'intermédiaire entre le poète et le compositeur. Le financier fournit à ce dernier les moyens de souscrire un billet de 500 livres en échange duquel l'abbé voulut bien abandonner au musicien le livret tant désiré. Rameau écrivit sur les paroles d'*Hippolyte et Aricie* un opéra qui, malgré la vive opposition d'une puissante cabale, obtint un succès retentissant. L'abbé Pellegrin assistait à la représentation qui avait lieu chez M. de La Popelinière, et après le premier acte il se montra à la fois critique sagace et homme de cœur en déchirant publiquement le billet de 500 livres qui devait lui assurer un dédommagement en cas d'insuccès. Quand on voulut transporter sur la scène cette belle partition, dans laquelle Rameau avait fait usage des accords enharmoniques, l'orchestre éprouva des difficultés qu'il crut insurmontables. Le chef d'orchestre voulut suspendre les répétitions et jeta son bâton sur la scène. Tranquillement, Rameau ramène avec le pied le bâton du chef près du pupitre et dit au musicien rebelle : « N'oubliez pas que vous n'êtes ici que le maçon : moi « je suis l'architecte. Vous n'avez qu'à obéir. Qu'on « recommence. »

Rameau triomphait : il avait vaincu les dédains des autres, mais il lui restait à soutenir une nouvelle lutte, et bien plus grande, contre les préjugés et la routine et contre la jalousie de ses confrères en composition.

Parce qu'il s'était écarté des sentiers battus, et qu'il avait introduit au théâtre des effets nouveaux, qu'il avait employé la clarinette dans son orchestration, des esprits timorés et routiniers crièrent au scandale. Au lieu d'admirer comme ils le méritaient ces airs expressifs, ces symphonies ingénieuses, ces chœurs d'une mâle énergie, on accabla l'auteur de sarcasmes ridicules et on déclara son œuvre baroque et bonne tout au plus pour des Iroquois. On inventa toutes sortes de fables stupides sur son compte. Ses envieux allèrent même jusqu'à lui reprocher son âge. Il avait cinquante ans, il est vrai, quand il débuta dans la carrière dramatique, mais cet âge, pour des esprits raisonnables et moins prévenus, aurait dû être la garantie d'un talent mûri par le travail et une longue expérience.

J.-B. Rousseau se mit à la tête du mouvement, et, malheureusement pour sa mémoire, il trempa sa plume pour écrire la strophe suivante :

> Distillateurs d'accords baroques
> Dont tant d'idiots sont férus
> Chez les Thraces et les Iroques
> Portez vos opéras bourrus.
> Malgré votre art hétérogène
> Lully de la lyrique scène
> Est toujours l'unique soutien ;
> Fuyez, laissez-lui son partage
> Et n'écorchez pas davantage
> Les oreilles des gens de bien.

Tels sont les encouragements qu'on se plaît en France à prodiguer aux talents supérieurs.

Les confrères de Rameau, jaloux de ses succès, lui décochèrent à l'envi leurs traits les plus acérés. Un seul, André Campra, sut lui rendre justice. Il avait compris de prime abord le musicien de génie et on raconte qu'il répondit au prince de Conti qui le consultait sur la valeur du plus grand ouvrage de Rameau : « Il y a dans *Hippolyte et Aricie* de quoi faire dix opéras : cet homme nous éclipsera tous. »

Rameau, déconcerté par les critiques acerbes de

ses détracteurs, prit la résolution de renoncer au
théâtre : « J'avais cru, disait-il, que mon goût plairait
« au public ; je vois que j'étais dans l'erreur, inutile de
« persévérer. » Heureusement ses protecteurs lui rendirent l'espoir et le courage ; il se remit au travail et
se vengea de tous ses ennemis en produisant de nouveaux opéras. Il donna à la scène : *les Indes galantes,
Castor et Pollux*. A partir de cette dernière production
que l'on s'accorde à reconnaître comme son chef-
d'œuvre, il régna en maître sur la scène lyrique.

De 1737, date de *Castor et Pollux*, jusqu'en 1760, où
il fit représenter *les Paladins*, sa dernière pièce,
Rameau ne composa pas moins de 24 opéras ou ballets,
parmi lesquels nous citerons : *Dardanus, la Princesse de
Navarre, Pygmalion, Naïs, Platée, Zoroastre*.

L'auteur de tant d'œuvres remarquables fut nommé,
par le roi Louis XV, compositeur de son cabinet : il
reçut des lettres de noblesse afin de pouvoir être décoré de l'ordre de Saint-Michel, titre auquel était attaché une pension. Rameau refusa de faire enregistrer
ses lettres d'anoblissement en alléguant les frais de
chancellerie à payer. Toutefois, la conscience de sa
valeur et le peu d'ambition qu'il ressentait pour les
honneurs de ce genre eurent peut-être plus de part à
ce refus que l'appréhension de dépenser quelques écus.
A ceux qui s'étonnaient de cette façon d'agir il répondait en montrant son front et son cœur : « Ma noblesse
est là et là. » On raconte qu'il ajouta : « Pourquoi un
titre ? *Castor et Dardanus* me suffisent. » Il n'en fut
pas moins décoré.

Il mourut à Paris, comblé d'honneurs, le 12 septembre 1764, à l'âge de 81 ans. Le curé de Saint-Eustache étant venu le voir à ses derniers moments, il lui
répondit : « Que venez-vous me chanter, vous avez la

voix fausse ! » Quelque temps avant de mourir, il disait
à un de ses amis, à l'abbé Armand, grand amateur de
musique et critique de mérite, avec une sincérité parfaite, une naïveté qui sied si bien à un homme supérieur : « Si j'avais trente ans de moins, je retournerais
« en Italie. Pergolèse deviendrait mon modèle, et
« j'assujettirais mon harmonie à cette vérité de décla-
« mation qui doit être le seul guide des musiciens.
« Mais quand on a plus de 69 ans, il faut rester ce que
« l'on est : l'expérience indique assez ce qu'il convien-
« drait de faire, le génie refuse d'obéir. »

La musique de Rameau a vieilli, sans doute, mais on
y trouve encore de nombreuses scènes qui ont conservé
leur grâce, leur fraîcheur et leur énergie. Ce génie
naturel, primesautier, inventif et surtout français, a
produit pour son époque des œuvres tout à fait remarquables, qui placent leur auteur au premier rang des
compositeurs de son siècle.

Rameau était fort et grand de taille, excessivement
maigre et n'avait jamais été malade. Sombre et peu
sociable, il fuyait le monde et parlait peu. Dans ses
promenades solitaires, il n'abordait ni ne voyait personne. Il fredonnait sans cesse ou paraissait absorbé
dans de profondes méditations. Laborieux et modeste,
il ne se mettait en avant que lorsqu'il y était forcé par
la discussion, mais il supportait impatiemment la con-
tradiction. Un jour, dans une réunion, il commit un
anachronisme qui lui attira quelques railleries. Piqué
de dépit, il se lève, va droit au clavecin et sous ses
doigts qui courent comme au hasard, il rencontre des
combinaisons admirables : « Je crois, Messieurs, dit-il,
« qu'il est plus beau de trouver de tels accords, que
« de savoir précisément dans quelle année Mérovée,
« Mérouée ou Mérouite est mort. Vous savez, et moi

« je crée ; je pense que le savoir ne vaut pas le
« génie ! »

M. Arthur Pougin a consacré à Rameau une remarquable étude ; nous en extrayons le jugement suivant :
« Rameau est l'un des plus grands musiciens dont
« puisse s'enorgueillir non seulement la France, mais
« le monde civilisé. A la fois théoricien audacieux, qui
« posa les bases d'un nouveau système d'harmonie,
« organiste puissant, dont le jeu mâle et vigoureux
« pénétrait ses auditeurs des émotions les plus vives,
« claveciniste de premier ordre, dont les compositions,
« pleines de charmes et de grâce, font encore l'admi-
« ration de tous, enfin compositeur dramatique aux
« accents pleins de grandeur, de noblesse et de pas-
« sion, il a droit au respect et à la sympathie de tous
« ceux qui estiment l'art à sa juste valeur, et son nom
« glorieux est entré dans l'histoire par la porte de l'im-
« mortalité. »

La ville natale de Rameau lui a élevé une statue en
1875 et lui a consacré toute une série de fêtes superbes
les 12, 13, 14 et 15 août 1876.

LES PHILIDOR

Le nom de Philidor a été porté par toute une dynastie de musiciens et de compositeurs. Avant d'entreprendre la biographie de François-André, le plus célèbre de la famille, nous allons faire connaître brièvement ses ancêtres.

Danican (Michel) naquit dans le Dauphiné à la fin du xvie siècle. Hautboïste de talent, il vint à Paris, jeune encore, et se fit entendre de Louis XIII. Ce roi avait eu l'ocasion d'entendre, quelques années auparavant, un célèbre hautboïste italien du nom de Filidori, dont le jeu savant avait produit une grande impression à la cour. En entendant Michel Danican, qui jouait avec beaucoup d'assurance et de talent, Louis XIII fut charmé et s'écria : « J'ai retrouvé un nouveau Filidori.» Telle est l'origine du nom que Danican porta désormais et qu'un de ses descendants devait illustrer.

Devenu musicien de la chapelle royale, Michel Danican mourut à Paris en 1649.

Philidor (Jean Danican, dit), fils du précédent, étudia aussi la musique. Il jouait indistinctement du fifre, du tambour, du hautbois et du cromorne. Il composa quelques airs de danse. Il mourut à Paris en 1669. De son mariage avec Mlle Jacqueline Gondière il eut une nombreuse famille ; deux de ses fils devinrent célèbres : André, plus connu sous le nom de *Philidor l'aîné*, et Jacques, connu sous le nom de *Philidor le cadet*.

PHILIDOR L'AÎNÉ (André Danican, dit) est né en 1647. Reçu de bonne heure dans la musique du roi, il se distingua, comme son père, par son habileté à jouer de plusieurs instruments. Il se fit remarquer du roi, non seulement par son rare talent d'exécutant, mais encore par des airs militaires, marches, retraites, générales, descentes d'armes qu'il composa en compétition avec Lulli pour les mousquetaires, les dragons et autres gardes du corps. Ses succès en ce genre l'engagèrent à composer pour le théâtre, et à partir de 1687 il fit représenter *le Canal de Versailles, le Mariage de la Couture avec la grosse Cathos*, et *la Princesse de Crète*. Le peu de succès de ces opéras lui fit abandonner la musique dramatique.

Devenu garde de la Bibliothèque du roi, Philidor l'aîné réunit une précieuse collection de tous les genres de musique connus jusqu'alors. Cette collection, infiniment précieuse pour l'histoire de l'art, n'est malheureusement pas restée entière. Louis XIV récompensa Philidor en lui donnant un terrain, rue du Bel-Air, à Versailles, sur lequel il fut autorisé à construire une maison qu'il mit ensuite en loterie pour en tirer un prix plus élevé. Il alla ensuite se fixer à Dreux, où il mourut en 1730.

D'un premier mariage avec Mlle Marguerite Mouginot, il eut seize enfants, dont ANNE et FRANÇOIS, dont nous parlerons après avoir tracé la biographie de Philidor le cadet. Marié à Mlle Élisabeth Le Roy, il eut cinq autres enfants parmi lesquels FRANÇOIS-ANDRÉ, le plus célèbre de toute cette famille d'artistes.

Philidor l'aîné a laissé une *Suite de danses pour les violons et hautbois*.

PHILIDOR LE CADET (Jacques Danican, dit) naquit en
1657. Comme son père et comme son aîné, il eut une
dextérité toute particulière pour jouer de plusieurs
instruments. Reçu dans la musique de la chapelle en
1683 et de la Chambre en 1690, Philidor le cadet se
fit connaître aussi comme compositeur. Ainsi qu'il
l'avait fait pour son [père, Louis XIV lui donna un
terrain sur l'avenue de Saint-Cloud. Philidor y cons-
truisit une maison qu'il laissa en héritage à ses enfants,
lorsqu'il mourut, en 1708.

De son mariage avec Mlle Élisabeth Hanique il eut
douze enfants, dont quatre se consacrèrent à la musique. Parmi ces derniers, on distingue surtout Pierre.
C'est de lui que nous parlerons en dernier lieu.

PHILIDOR (Anne Danican, dit), fils d'André, né à Paris
en 1681, devint un des artistes les plus intelligents et
les plus distingués de son époque. A seize ans, le 16
août 1697, il faisait représenter devant le roi *l'Amour
vainqueur*, pastorale en cinq actes, et donnait l'année
suivante *Diane et Eudymion*. Il s'attira la faveur du
roi qui, en 1702, l'associa à son père en lui donnant
la survivance des nombreux emplois qu'il occupait à la
cour.

Louis XIV estimait beaucoup Anne Danican : il
aimait surtout à l'entendre jouer du hautbois et un jour
ils chantèrent ensemble un duo. Louis XV aussi le tint
en haute estime. Philidor en profita pour fonder le fameux Concert spirituel, institution qui devait rendre,
pendant les soixante ans de son existence, de réels services à l'art musical.

Quand le Concert spirituel fut sorti, au bout de trois
ans, de sa période d'organisation, Philidor donna sa
démission, et devint surintendant de la musique du
prince de Conti, emploi qu'il conserva vraisembla-

blement jusqu'à sa mort, dont on ignore la date précise.

PHILIDOR (François Danican, dit), frère du précédent, naquit à Paris en 1689. Lui aussi eut de bonne heure un emploi dans la musique royale, mais il mourut jeune, en 1718, laissant deux ouvrages : *Pièces pour la flûte traversière, qui peuvent aussi se jouer sur le violon*, et *Pièces pour la flûte traversière et pour le violon*, édités à Paris, en 1716 et 1718.

PHILIDOR (François-André Danican, dit), le plus célèbre des musiciens de ce nom, fils de Philidor l'aîné et d'Élisabeth Le Roy, frère consanguin d'Anne et de François, est né à Dreux, le 7 septembre 1726 et non 1727, comme l'ont écrit plusieurs biographes. Philidor ayant été baptisé le 16 octobre 1727, on en a conclu qu'il était né pendant le mois qui a précédé son baptême.

François-André vint fort jeune à Paris : il n'avait que six ans. Le nom qu'il portait le fit admettre immédiatement dans la musique du roi, où il se fit remarquer par de rapides progrès sous la direction de Compra. Le jeune artiste justifia les espérances qu'on avait mises en lui, car à douze ans il fit exécuter une motet à grands chœurs. Louis XV, charmé du talent de son jeune page, le félicita publiquement et lui envoya une gratification de dix louis.

Mais avant d'arriver à la célébrité par ses productions musicales, il se fit une renommée d'un tout autre genre, il est vrai, mais qui a, autant que ses plus belles compositions, contribué à le rendre illustre : il devint le premier joueur d'échecs de son temps, non seulement en France, mais en Europe.

Voici comment naquit sa passion pour ce jeu.

Les musiciens du roi avaient l'habitude de se réunir

dans une salle attenante à la chapelle, en attendant
l'heure de la messe du roi. Dans cette salle se trouvait
une longue table sur laquelle six échiquiers incrustés
faisaient prendre patience à ceux des exécutants qui
arrivaient avant le réveil du roi. Philidor regardait at-
tentivement les joueurs et s'initiait ainsi à la connaissance des premières règles de ce jeu compliqué.

Un jour, un vieux musicien, arrivé plus tôt qu'à l'ordinaire, maugréait contre la paresse de ses confrères,
en ne trouvant personne pour faire sa partie habituelle.
Sur ces entrefaites entre le petit Philidor, alors âgé de
dix ans, qui s'offre comme joueur. Le vieux musicien
partit d'un bruyant éclat de rire, mais ne voyant venir
personne, il finit par accepter. « Mais son étonnement
fut grand lorsque, au lieu d'un élève, auquel il pensait
devoir prodiguer des conseils, il trouva qu'il avait affaire à un rival redoutable ; le dépit s'en mêla, quand,
la partie avançant, il vit son adversaire au moment de
prendre le dessus. Sa mauvaise humeur redoubla alors,
et il eût fallu voir la mine à la fois piteuse et maligne
du bambin, trop fier de son prochain succès pour l'a-
bandonner, mais redoutant de payer son triomphe par
quelques taloches que l'amour-propre froissé du bon-
homme semblait lui faire pressentir. A chaque instant,
il regardait la porte d'un œil suppliant, comme pour
l'engager à se rapprocher de lui, afin de favoriser sa
fuite, quand le moment en serait venu. Cependant, petit
à petit, et sans donner d'inquiétude à son rival, trop
fortement absorbé par son jeu, il était parvenu à se
glisser à l'extrémité de son banc ; sûr alors de son salut, il presse l'issue de sa partie, avance victorieusement la pièce décisive, et, lançant à son adversaire un
mat sardonique et retentissant, s'enfuit de toute la
vitesse de ses petites jambes afin d'échapper à une

poursuite qui eût pu lui devenir fatale. Après une telle aventure, ce fut à qui des musiciens de la chapelle ferait la partie avec le petit Philidor, et bientôt il ne se trouva plus un seul de ses collègues qui pût se mesurer avec lui. » (Arthur Pougin. *Revue et Gazette musicales*, 1859.)

Cette passion pour les échecs n'empêchait cependant pas les progrès de Philidor dans ses études musicales. Lorsque son éducation fut terminée, il fut congédié, et il vint alors se fixer à Paris, où il perdit bientôt son père et dut pour vivre courir le cachet, donner des leçons et même, comme J.-J. Rousseau, copier de la musique. La misère le poursuivait ; il fit des dettes et pour échapper à ses créanciers, il partit pour l'étranger, bien résolu à profiter de son talent au jeu des échecs.

Il s'était déjà mesuré en France avec les joueurs les plus renommés, tels que M. de Légal et l'abbé Chemard : il en était arrivé à gagner ses plus redoutables adversaires sans regarder l'échiquier, en tournant le dos à la partie. C'est au *Café de la Régence*, où nous le retrouverons plus tard, que se réunissaient les amateurs du jeu d'échecs, pour voir les exploits de Philidor.

En quittant la France, notre joueur d'échecs se rendit en Hollande où il battit le fameux Stammer, puis en Allemagne. Il vainquit l'un après l'autre tous ceux qui voulurent se mesurer avec lui. Au camp devant Maëstricht, il tint la partie avec le duc de Cumberland. Enthousiasmé, en voyant un tel talent, le noble Anglais aida Philidor à réunir les fonds nécessaires à la publication de son ouvrage *l'Analyse du jeu des échecs*, qui eut un grand succès en Angleterre. Plusieurs éditions de ce livre lui procurèrent des ressources que l'art musical lui avait refusées.

Philidor prolongea son séjour à Londres jusqu'en
1754 : il mit en musique la fameuse ode de Dryden,
Pouvoir de l'harmonie. Au même moment il exécuta au
Chess-Club un tour de force extraordinaire, en faisant
trois parties simultanées, et sans voir les échiquiers,
avec les trois plus forts joueurs de toute l'Angleterre :
MM. Brulh, Browdler et Mazères. Le premier fut battu
en une heure vingt minutes, le second en une heure
trois quarts et le troisième au bout de deux heures.

Ne trouvant plus d'adversaires dignes de lui et désormais à l'abri du besoin, il rentra en France et revint
à la musique en écrivant un *Lauda Jérusalem* pour la
chapelle de Versailles. Il essaya d'obtenir le poste devenu vacant de surintendant de la musique du roi, et
se mit à la composition ; de ce côté la fortune le fit
languir quatre ans avant de lui sourire. Mais son début
fut un triomphe. *Blaise le Savetier*, donné le 9 mars 1759,
à l'Opéra-Comique de la foire Saint-Laurent, établit du
premier coup sa réputation.

Ce premier ouvrage fut suivi à peu de distance par
l'Huître et les Plaideurs (18 sept. 1759), *le Soldat
magicien* (15 août 1760), *le Jardinier et son seigneur*
(18 février 1761), *le Maréchal-ferrant* (22 août 1761).
Autant de pièces, autant de succès. Les deux dernières
surtout furent accueillies avec un véritable enthousiasme et eurent sans désemparer plus de deux cents
représentations. *Le Bûcheron* eut aussi un succès
énorme.

Après un an de silence, Philidor donna au Théâtre-
Italien, le 2 janvier 1764, *le Sorcier*, comédie en deux
actes et en prose mêlée d'ariettes. L'enthousiasme fut
tel à la première audition publique que l'auteur fut
obligé de venir sur la scène recevoir les applaudissements des spectateurs. Ce même fait ne s'était produit

encore qu'une fois : pour Voltaire, après la représentation de *Mérope*, le 20 février 1742.

Tom Jowes (27 février 1765) fut un nouveau chef-d'œuvre. *Le Jardinier de Sidon* (18 juillet 1768) fut moins bien accueilli. Cet opéra met en scène Abdolonyme, ce jardinier qui, selon Quinte-Curce et Justin, fut placé sur le trône de Phénicie par Alexandre, en 332 av. J.-C. Il descendait des rois du pays, mais il vivait dans une grande pauvreté, et il était réduit à cultiver la terre de ses propres mains.

Philidor composa encore un grand nombre de pièces et on peut dire de lui qu'il marcha de succès en succès. Le genre où il excella est l'opéra-comique, mais il montra par quelques productions qu'il était digne d'écrire pour le grand opéra. Dans ce genre, nous citerons *Ernelinde, princesse de Norvège*, opéra en trois actes représenté le 29 novembre 1767. On remarque surtout dans cette pièce le chœur : *Jurons sur nos glaives sanglants*, et l'air de basse : *Né dans un camp*. A mentionner encore le duo d'introduction : « *Quoi ! vous m'abandonnez, mon père !* »

Persée (27 octobre 1780) fut aussi très bien accueilli sur la grande scène lyrique. *Le Carmen sæculare*, d'Horace, mis en musique par Philidor, eut un effet prodigieux, à Paris, à Londres et à Moscou. Après avoir écrit *Thémistocle*, Philidor qui, pendant vingt-six ans, avait défrayé l'Opéra, l'Opéra-Comique, et la Comédie-Italienne et écrit trente-deux œuvres lyriques, sentit se réveiller en lui la passion du jeu des échecs.

A partir de 1786 jusqu'à ce que la Révolution l'obligeât à s'expatrier il ne quitta plus le *Café de la Régence*, qui obtint grâce à lui une grande vogue. Son buste, placé à la même place qu'il occupait en jouant, figura au *Café de la Régence* jusqu'à sa disparition dans la reconstruction du Palais-Royal.

C'est en 1792 que Philidor se décida à repasser le détroit pour aller revoir ses bons amis britanniques du Chess-Club qui depuis longtemps lui payaient une pension.

Après un séjour de trois ans à Londres il voulut revoir sa patrie; mais un obstacle auquel il n'avait pas songé s'opposa à son projet. Son absence l'avait fait inscrire sur la liste des émigrés. Après des démarches aussi difficiles que nombreuses il obtint enfin sa radiation : le sauf-conduit qui lui permettait de revoir sa patrie arriva enfin, mais trop tard, hélas ! pour notre célèbre compatriote qui venait de mourir, à Londres, d'une attaque de goutte le 3 septembre 1795, à l'âge de 69 ans.

Le 3 février 1760, Philidor avait épousé Mlle Angélique-Henriette-Élisabeth Richer : le dernier survivant de leurs sept enfants est mort en 1845.

Le bagage artistique de ce musicien est à la fois considérable et remarquable. Trop oublié aujourd'hui, on ne sait trop pourquoi, Philidor fut un compositeur de premier ordre qui peut se placer à côté de Grétry et de Monsigny, en soutenant avantageusement la comparaison.

On a, et certainement à tort, accusé Philidor de plagiat. M. Arthur Pougin, qui a fait sur ce maëstro une étude très complète, a démontré d'une façon tout à fait péremptoire l'inanité de ces insinuations.

Honnête, bon, serviable et obligeant, Philidor n'était pas moins estimable comme homme que remarquable comme joueur d'échecs et comme artiste. La nature, parfois si parcimonieuse, s'était montrée prodigue à son égard : avec les qualités qui font l'honnête homme, elle lui avait donné un grand talent musical et un véritable génie pour les échecs. Sa passion pour ce jeu assombrit les dernières années de sa vie, car il devint aveugle. Son jugement et sa mémoire, si souvent mis.à l'épreuve dans les combats extraordinaires qu'il livra sur l'échiquier, diminuèrent sensiblement. L'abstinence presque complète qu'il s'imposait avant les séances solennelles porta de rudes atteintes à son intelligence. Diderot lui écrivit à ce sujet une lettre d'excellents conseils pour l'engager à renoncer à ce genre d'existence. Mais l'habitude était trop invétérée ; un mois avant de mourir, il soutenait encore un pari contre deux joueurs émérites et le gagnait.

Loin de l'échiquier il perdait toute son assurance et paraissait peu spirituel. On cite de lui certaines naïvetés qui ont fait rire à ses dépens. Un de ses amis et de ses admirateurs, Laborde, le tira un jour d'embarras, dans un repas où il ne disait que des choses banales et triviales. Il le fit par un jeu de mot : « Voyez-vous cet homme-là, dit-il, il n'a pas le sens commun, c'est tout génie ! »

Le dernier représentant de cette famille qui ait eu quelque célébrité est : Philidor (Pierre Danican, dit), fils de Philidor *le cadet*, né à Paris en 1681. Élève de son père, et élève intelligent, il suivit les traditions de toute sa famille et devint un musicien distingué. A seize ans, il composa une Pastorale qui fut représentée devant la cour à Versailles. Il devint hautboïste de la grande écurie et entra plus tard à la musique de la chambre et de la chapelle. Il a laissé trois livres ou recueils de duos et de pièces diverses pour flûte, hautbois et violon.

L'époque de sa mort est restée inconnue.

TABLEAU GÉNÉALOGIQUE

DE LA FAMILLE DES DANICAN-PHILIDOR

Michel Danican, dit Philidor.
15.. — 1649

Jean Danican, dit Philidor.
+ 1669

André Danican, dit Philidor *l'aîné.*
1647-1730.

Jacques Danican, dit Philidor *le cadet.*
1657-1708.

De son premier mariage avec Mlle Marguerite Mougenot il eut onze enfants, dont :

De son second mariage avec Mlle Elisabeth Le Roy il eut cinq enfants, dont :

Pierre Danican, dit Philidor.
1681-17..

Anne Danican, dit Philidor.
1681-17..
François Danican, dit Philidor.
1689-1718.

François-André Danican, dit Philidor.
1726-1795.

MONSIGNY

Monsigny (Pierre-Alexandre de) est né à Fauquembergues, chef-lieu de canton de l'arrondissement de Saint-Omer (Pas-de-Calais), le 17 octobre 1729. Sa famille était noble et originaire de Sardaigne : au commencement du XVI° siècle la fortune des Monsigny commença à décliner, et elle était réduite à bien peu de chose à la naissance du futur compositeur.

Le père de Monsigny occupait un emploi à Saint-Omer : il le plaça au collège des Jésuites de cette ville pour y faire ses humanités. Un des maîtres de cet établissement, le P. Mollien, remarqua les heureuses dispositions de son élève pour la musique : il le prit en affection, et, en dehors des heures consacrées à l'étude, il lui enseigna ce qu'il savait en lui donnant des leçons de violon.

Ses études terminées, Monsigny rentra dans sa famille et continua de se familiariser avec le violon, qui devint son instrument de prédilection. Ses études musicales lui procurèrent de vives jouissances, et il garda toute sa vie une sincère reconnaissance au bon père Mollien de l'avoir initié à l'art qu'il devait illustrer. On raconte que son plus grand bonheur, pendant son séjour à Fauquembergues, était de se rendre à Saint-Omer pour y écouter les messes en musique exécutées à l'abbaye de Saint-Bertin. Le carillonneur de ce célèbre monastère lui donnait alors quelques leçons qui contribuèrent aussi à perfectionner ses études musicales.

A peine âgé de dix-huit ans, Monsigny perdit son père. Ce douloureux événement l'obligea de renoncer à la carrière militaire qu'il devait embrasser, comme étant l'aîné de la famille. Devenu chef de maison, sans fortune, il dut chercher un emploi qui lui permît de subvenir aux besoins de sa mère, de sa sœur et de ses quatre frères. Ne pouvant trouver en province ce qu'il cherchait, il partit résolûment pour Paris, et eut la bonne fortune de trouver un emploi dans les bureaux de la comptabilité du clergé. Son nom, ses manières distinguées, ses grandes relations lui permirent de placer tous ses frères dans des postes avantageux, et lui-même se consacra exclusivement à procurer à sa mère et à sa sœur une position convenable, une aisance suffisante, donnant ainsi un bel exemple de dévouement fraternel et filial.

Les charges qui lui incombaient lui firent, sinon oublier, mais au moins négliger ses études musicales. Une circonstance vint lui permettre de reprendre son violon et de consacrer le temps nécessaire à ses études de prédilection. Ses nombreux et puissants amis parvinrent à le faire entrer en qualité de maître d'hôtel chez le duc d'Orléans, où il demeura pendant trente ans, au milieu d'une société choisie : il puisa dans le commerce des habitués de l'hôtel d'Orléans une élégance de manières qui augmenta encore la distinction qu'il avait reçue de la nature.

Les nombreux loisirs de sa nouvelle position et la certitude d'être désormais à l'abri du besoin lui permirent de ressaisir son violon, et de se livrer entièrement à l'étude de la musique. Il fut assidu aux représentations de l'Opéra, où il allait dans l'espoir d'entendre

les chefs-d'œuvre de Rameau et des compositeurs de
son école. Il fut désappointé, en ne trouvant pas dans
l'audition des compositions alors à la mode les émotions qu'avait rêvées son idéal. Il se dit que la musique,
cet art si enchanteur et si fécond, pouvait produire
de plus beaux et de plus grands effets.

En 1752, une troupe de chanteurs italiens furent au-
torisés à faire entendre sur la scène de l'Opéra quelques-
uns des chefs-d'œuvre de leur pays : c'est ainsi
que Monsigny eut l'occasion d'entendre la *Serva Pa-*
drona (Servante-maîtresse) de Pergolèse. Ce fut pour
lui comme une révélation, il crut entrevoir dans la
facture des pièces italiennes la réalisation de ses rêves
artistiques. Il se passionna pour la manière italienne
et voulut imiter les chefs-d'œuvre qu'il lui avait été
donné d'entendre. C'était beaucoup trop présumer de
ses forces. Monsigny ne tarda pas à comprendre que
les leçons du P. Mollien et du carillonneur de Saint-
Bertin étaient par trop insuffisantes pour lui permettre
d'écrire une partition et de donner un corps à ses
rêves.

Il n'avait aucune notion des règles de l'harmonie et
de l'instrumentation, il ne pouvait arriver à écrire ses
inspirations, il avait même beaucoup de peine à faire
le calcul de la valeur des notes pour rendre les mélodies que son instinct lui suggérait. C'est alors qu'il se
décida à prendre un professeur de composition. Les
maîtres étaient rares à cette époque, et Monsigny se
confia à un contre-bassiste de l'Opéra, du nom de Gianotti, qu'un récent ouvrage : *le Guide du compositeur,*
venait de mettre en relief.

Gianotti était à l'école de Rameau et avait assisté à
la naissance de la scène lyrique. En six mois, il eut
épuisé toute sa science, et l'élève était aussi fort que

le maître. Il est bon d'ajouter qu'on vit rarement un élève aussi travailleur et aussi tenace que Monsigny. Gianotti l'avait conduit comme par la main dans les sentiers épineux du début et lui avait fait entrevoir des horizons nouveaux. Désormais, l'élève s'avancera seul dans la voie qu'il a choisie et laissera loin derrière lui ceux qui l'ont précédé.

En 1759, après avoir essayé dans l'intimité quelques compositions qui lui avaient valu de précieux encouragements, il écrivit *les Aveux indiscrets*, pièce en un acte dont il fit entendre les principaux morceaux à ses amis qui le pressèrent de donner cet ouvrage à la scène. Il suivit ce conseil et *les Aveux indiscrets* furent représentés sur le théâtre de l'Opéra-Comique de la foire Saint-Laurent, sous le voile de l'anonyme, à cause de la situation que l'auteur occupait dans la maison d'Orléans. Le premier né de Monsigny eut un succès considérable qui encouragea l'auteur.

En 1760, parurent, toujours sur le théâtre de la foire Saint-Laurent, *le Maître en droit*, et *le Cadi dupé*, dont les livrets avaient été confiés au compositeur par Le Monnier. Ces deux nouvelles compositions obtinrent un véritable succès d'enthousiasme. En entendant, dans *le Cadi dupé*, le duo comique entre le Cadi et le teinturier Omar, Sedaine s'écria : « Voilà mon homme ! » Il se fit présenter à Monsigny et se lia d'amitié avec lui : de leur collaboration sortirent plusieurs œuvres remarquables parmi lesquelles nous citerons : *le Roi et le Fermier*, *Rose et Colas*, *le Déserteur*.

On ne s'avise jamais de tout, le premier fruit de la collaboration de Sedaine et de Monsigny, fut représenté à Fontainebleau, le 24 novembre 1760, et sur le théâtre de la foire Saint-Laurent, le 17 septembre 1761. Cette nouvelle composition soutint dignement la réputation

SEDAINE COMPOSANT *Rose et Colas.*

naissante de l'auteur et obtint même un succès trop
grand, car la corporation des acteurs de la Comédie-
Italienne, alarmés de la vogue et de l'extension du
théâtre de l'Opéra-Comique de la foire Saint-Laurent,
en obtint la clôture définitive. Toutefois, les deux scènes
fusionnèrent et devinrent la Comédie-Italienne agran-
die. C'est pour ce théâtre que Monsigny travailla
désormais.

En 1762 fut représenté *le Roi et le Fermier*, où l'on
remarque plusieurs scènes pathétiques fort bien ren-
dues. Cette pièce eut deux cents représentations qui
rapportèrent, dit-on, vingt mille livres à chacun des
auteurs. Puis vinrent *l'Ile sonnante* (1763), qui dura peu,
et *Rose et Colas* (1764), un vrai chef-d'œuvre de grâce
naïve accueilli avec une grande faveur. C'est alors que
le compositeur voulut s'essayer sur un plus grand
théâtre et se tourna vers l'Académie royale de musique, à qui il donna, en 1766, un grand opéra en trois
actes : *Aline, reine de Golconde*. Ce grand ouvrage fut
admirablement accueilli, mais l'auteur, ne se sentant
pas à l'aise sur cette vaste scène, se hâta de revenir à
la Comédie-Italienne, à laquelle il apporta, le 6 mars
1769, *le Déserteur*, drame en trois actes, en prose,
mêlée de musique. Cette pièce, regardée à juste titre
comme le chef-d'œuvre du compositeur, est celle où
l'auteur a manifesté avec le plus de force et de charme
son exquise sensibilité.

Monsigny composait péniblement : il mit trois ans
avant de faire paraître *le Faucon* (1772). *La belle Arsène*
ne fut donnée qu'en 1775, mais fut suivie de près par
le Rendez-vous bien employé (1776). En 1777, paraissait un nouveau chef-d'œuvre : *Félix ou l'enfant trouvé*,
comédie en trois actes, mêlée d'ariettes, qui fut représentée le 10 novembre, devant la cour, à Fontainebleau,

et le 24 sur la scène italienne. On remarque surtout dans cette pièce le délicieux quintette : *Finissez donc, Monsieur le militaire ;* l'air charmant : *Qu'on se batte, qu'on se déchire,* et un admirable *trio,* véritable modèle de sentiment. Dans ces divers morceaux, Monsigny a atteint la perfection du genre.

FÉLIX fut le dernier ouvrage de Monsigny. Il était âgé de quarante-huit ans et dans toute la force de son talent. On a essayé d'expliquer ce silence obstiné et on a donné bien des raisons sans trouver probablement la véritable. On a supposé un épuisement des idées musicales, un dégoût pour la musique. Fétis, le savant auteur de la *Biographie universelle des musiciens,* qui a connu Monsigny, lui ayant demandé, en 1810, c'est-à-dire 33 ans après la représentation de *Félix,* pour quelle raison il avait cessé de composer, en reçut cette réponse : « *Depuis le jour où j'ai achevé la partition de* FÉLIX, *la musique a été comme morte pour moi : il ne m'est plus resté une idée.* »

Dans l'éloge qu'il a fait de Monsigny à l'Institut, M. Quatremère de Quincy explique de la même façon le silence du compositeur. Ces témoignages ne peuvent être suspectés, puisque l'explication a été fournie par l'intéressé en personne.

D'autre part, Mlle Monsigny, la propre fille du musicien, dans des notes qu'elle a remises à M. Adolphe Adam, dit qu'on s'est trompé sur les causes du mutisme de son père. S'il a cessé d'écrire, dit-elle, « c'est qu'un de ses yeux était à peu près perdu par une cataracte, l'autre était très faible et ne pouvait être sauvé que par un repos absolu : mon père se résigna à ce douloureux sacrifice, et il conserva la vue jusqu'à la fin de sa longue carrière ».

Quoi qu'il en soit, Monsigny vécut encore quarante

ans après *Félix* et il ne produisit plus absolument rien, et tel que nous le connaissons, nous pouvons supposer qu'il a dû faire parfois de violents efforts pour résister à la tentation de reprendre son violon et de composer encore quelques-uns de ces airs délicieux qui avaient charmé si longtemps les oreilles de ses contemporains.

Une fois, cependant, il fut bien près de succomber. Sedaine, son fidèle collaborateur et son meilleur ami, était venu, selon son habitude, lui soumettre un livret, avant de le porter chez un autre compositeur. C'était *Richard Cœur-de-Lion*. Monsigny trouva le sujet si beau qu'il ne put résister au plaisir de le traiter. Mais, sur le conseil des médecins, le pauvre compositeur dut s'abstenir et rendit la pièce à Sedaine : « Et à qui la donnerai-je, lui demanda celui-ci ; à Dalayrac ou à Grétry ? — A Grétry, répondit Monsigny, la veine est plus riche. »

Depuis 1785, à la mort du duc d'Orléans, Monsigny était privé, par suppression d'emploi, de sa charge de maître d'hôtel. Mais depuis cette même date il était devenu administrateur des biens de la famille d'Orléans et inspecteur des canaux, ce qui lui avait permis de conserver son logement au Palais-Royal pour lui et pour sa famille. La Révolution éclata ; il dut quitter ses appartements. Il perdit toutes ses ressources, sa place dans la maison d'Orléans, et même une pension de 2.000 livres qui lui avait été faite par Louis XV et continuée par Louis XVI? Retiré dans une modeste maison du faubourg Saint-Martin, il vivait modestement au milieu des siens et venait encore de temps en temps à la Comédie-Italienne : il allait s'asseoir au foyer pour y rencontrer quelques vieilles connaissances. Un soir, par une porte entr'ouverte, il entendit quelques passages d'une pièce qu'on exécutait à l'orchestre : « Mais

c'est très joli, cela, dit-il ! — Je crois bien, dit un des
interlocuteurs, on joue en ce moment *Rose et Colas*. »
Le vieux compositeur n'avait pas reconnu son œuvre.

Cependant, la situation de Monsigny, après la perte
de toutes ses ressources, était devenue fort précaire.
Les artistes de la Comédie-Italienne s'en aperçurent
et lui firent une pension annuelle de 2.400 fr., qu'ils
réussirent à lui faire accepter en usant d'un stratagème. Ils lui firent signer un contrat par lequel il
leur cédait ses droits d'auteur sur tous ses ouvrages.

Dès que la tranquillité fut rétablie, on lui rendit la
pension de 2.000 livres qui lui avait été enlevée à la
Révolution et on lui confia une des cinq places d'inspecteur des études musicales du Conservatoire aux
appointements de 6.000 fr. Mais, malgré les efforts
de Sarrette, le directeur du Conservatoire, il se démit
de ces dernières fonctions, prétextant qu'il n'était pas
assez savant pour remplir un tel emploi et qu'il faisait
tort à la science et à l'établissement. Il donnait ainsi
un rare exemple de désintéressement.

Dans les premières années de l'Empire, on fit un
retour vers les anciens chefs-d'œuvre, et parmi les
pièces qu'on demanda au passé se trouvait *le Déserteur*. La représentation de cette pièce eut un immense
succès. Napoléon fut enchanté de cette musique,
quand il l'entendit pour la première fois. Il fit part de
son contentement au comte Daru qui se trouvait près
de lui, dans la loge impériale. L'aide-de-camp de
l'Empereur, qui connaissait beaucoup Monsigny, saisit
l'occasion pour dire : « L'auteur de cette musique sera
bien heureux d'apprendre le plaisir qu'elle a causé à
Votre Majesté. — Comment ! Monsigny existe donc
encore ? — Mais, certainement, Sire. — Et quelle est
sa position ? — Il a été ruiné par la Révolution, mais

déjà Votre Majesté lui a rendu la pension de 2.000 fr.
qu'il tenait de Louis XV. — Mais il était jeune alors ;
ce n'est pas assez de 2.000 fr. ; vous irez lui dire que
l'Empereur porte sa pension à 6.000 fr. » Le lendemain, le comte Daru s'acquitta de son message, et c'est
avec des larmes de reconnaissance que le vieux musicien reçut la nouvelle de la munificence dont l'Empereur usait envers lui.

En 1813, seulement, à quatre-vingt-quatre ans, Monsigny fut appelé à l'Institut. La Restauration lui enleva
la pension de 6.000 fr. que Napoléon lui avait si généreusement octroyée ; mais le duc d'Orléans lui fit
obtenir une nouvelle pension de 3.000 fr. et le fit
décorer de la Légion d'honneur.

Parvenu à une extrême vieillesse, Monsigny ne jouit
pas longtemps de ces honneurs et il s'éteignit doucement le 14 janvier 1817, à l'âge de 88 ans. Ses obsèques furent célébrées à l'église Saint-Laurent, à peu de
distance du modeste théâtre de la Foire où, cinquante
ans auparavant, il avait remporté ses premiers succès.

Outre les opéras que nous avons mentionnés, Monsigny laissa en manuscrits deux pièces qui furent composées vers 1770 et qui ne furent jamais représentées :
Pagamis de Monègue et *Philémon et Baucis*.

Nous terminerons cette étude en donnant le jugement porté sur Monsigny par Adolphe Adam, dans son
ouvrage : *Derniers souvenirs d'un musicien* : « Il faut
dire, pour être juste, que si Monsigny surpassa ses
confrères en exquise sensibilité, il ne le céda à aucun
sur les autres points essentiels de son art : il eut au
même degré qu'eux la verve comique, le mouvement
dramatique, la force expressive, qualités que l'on n'ap-
précie que rarement chez lui, parce qu'elles sont
effacées en quelque sorte par celles qui les dominent

toutes. Pour moi, je n'hésite pas à le regarder comme le véritable créateur de l'opéra comique français. Grétry l'a souvent surpassé par l'abondance de l'idée mélodique et surtout par la fécondité, seule qualité inhérente au génie créateur qui ait manqué à Monsigny ; mais il n'est venu qu'après lui, et lorsque la voie était déjà ouverte. Duni et Philidor ont marché en même temps que lui ; sans méconnaître le mérite de ces deux patriarches de notre théâtre, on devra cependant convenir qu'ils n'ont été que les satellites d'un astre brillant, trop tôt éclipsé, mais dont l'éclat fut assez grand pour qu'un long sillon de lumière pût encore dédommager ses contemporains et même ses arrières-neveux de sa trop courte durée. »

DALAYRAC

D'Alayrac (Nicolas), dit Dalayrac, est né à Muret (Haute-Garonne), le 13 juin 1753. Fils d'un subdélégué de la province du Languedoc, il était destiné par son père à lui succéder dans sa charge, et, dans cet espoir, il fut envoyé fort jeune encore au collège de Toulouse.

Le petit Nicolas avait reçu de la nature une intelligence exceptionnellement précoce : il avait à peine atteint sa treizième année qu'il avait terminé ses études d'une manière brillante. Chaque année, il rentrait à la maison paternelle avec une ample moisson de prix et de couronnes ; mais la dernière distribution des prix avait été pour lui un triomphe.

Le principal du collège de Toulouse était grand amateur de musique et, à certains jours de la semaine, il réunissait dans son salon quelques amis intimes pour exécuter ensemble les morceaux de musique en vogue. Comme un des meilleurs élèves du collège, et en récompense de son travail assidu, Dalayrac fut admis à plusieurs reprises à entendre les concerts des amis de M. le principal. C'est là, et à la cathédrale, où il avait pu assister aux grandes fêtes, à des messes solennelles, que Dalayrac se sentit attiré vers son art, qu'il devait cultiver plus tard avec un succès soutenu.

De retour à la maison paternelle, ses études terminées, après les félicitations d'usage et les épanchements biens naturels dans le cœur de sa bonne mère, le futur compositeur demanda comme une faveur d'avoir un violon. On s'empressa de lui accorder ce qu'il désirait.

Cependant, pour arriver à la position que sa famille avait rêvée pour lui, il dut se mettre à étudier le Code afin de se faire recevoir avocat. Le père ne tarda pas à s'apercevoir que l'apprenti légiste désertait trop souvent le *Digeste* et les *Institutes* pour son cher violon. Sur les observations qui lui furent présentées, Dalayrac, studieux et obéissant, craignant de faire de la peine à sa mère qu'il aimait passionnément, se remit à l'étude avec une nouvelle ardeur et ne toucha plus son instrument qu'aux heures de récréation.

Au bout d'un an, dit Ad. Adam, malgré ses dispositions naturelles, il était arrivé à jouer très mal du violon... Il fut admis dans un cercle d'amateurs de Muret, et on lui confia la partie de *second-dessus* de violon dans les concerts de la petite société. Il s'acquitta fort mal de son rôle : ayant joué par instinct, il ne savait qu'improviser pour son compte personnel ; la mesure lui était inconnue et il exécutait, pendant les pauses qu'il devait compter, des traits que lui seul trouvait excellents, et que tous ses collègues trouvaient détestables. Par considération pour le subdélégué, on ne se priva pas immédiatement du talent du violoniste improvisé ; mais il fit tant d'erreurs musicales, tant de fredaines à contre-temps à contre-mesure que les membres du cercle prièrent poliment le *Petit à M. Dalayrac* de rester chez lui. Il fut fortement réprimandé et on lui défendit expressément de toucher un violon, instrument dont il ne saurait jamais se servir.

Nous avons vu que Dalayrac était soumis : il promit de mieux étudier le Code à l'avenir, et il tint parole. Au bout de quelques mois, il eut regagné le temps perdu ; mais sa santé ne put tenir au surmenage qu'il s'impo-

sait. Sa mère s'en aperçut et lui fit de douces remon-
trances. Il confessa que s'il lui était permis de faire un
peu de musique il ne ressentirait nullement la fatigue
que lui occasionnait l'étude de mille textes fastidieux
dont il devait bourrer sa mémoire.

— Tu aimes donc bien la musique, lui dit sa bonne
mère.

— Si je l'aime ! oh ! ma mère, c'est que vous ne savez
donc pas ce que c'est que la musique, pour me demander
si je l'aime? C'est que, voyez-vous, la musique, c'est,
après vous, ce qu'il y a de meilleur au monde : c'est ce qui
console quand on est triste, c'est ce qui donne du courage, c'est ce qui fait oublier tout ce qui est mauvais,
ce qui fait penser à tout ce qui est bon, ce qui peut faire
croire que l'on est heureux. Je ne puis faire de musique
sans songer à Dieu et à vous, ma mère ; n'est-ce pas
ce qu'il y a de meilleur ? (Ad. ADAM.)

Une nuit qu'il ne pouvait dormir, Dalayrac se mit à
sa fenêtre pour respirer l'air frais du soir. Comme sa
chambre donnait sur les toits voisins, il enjamba sa
fenêtre et commença une périlleuse promenade sur le
rebord de la toiture du bâtiment contigu. Un gros chien
de garde, en voyant ce promeneur nocturne, se mit à
aboyer furieusement. Dalayrac ne s'en inquiéta pas :
mais il remarqua que, se trouvan sur le côté du bâtiment opposé à la cour, il percevait à peine les aboie-
ments du chien. « Si j'avais ici mon violon, se dit-il,
personne de la maison ne saurait m'entendre. » Aussitôt fait que dit : il rentre dans sa chambre, s'empare
de son violon, malgré les jappements du chien de garde,
et, au risque de se rompre le cou, il retourne à son
poste. Il se met à jouer une bonne partie de la nuit,
rentre, se couche, et dort du sommeil du juste.

Pour empêcher le chien de trahir son secret en éveil-

lant la maison. Dalayrac va trouver un de ses amis,
apprenti apothicaire, et lui demande un narcotique,
dont il a besoin, dit-il, pour retrouver le sommeil qui
a fui son chevet. Le soir venu, il administre au pauvre
chien une double dose de narcotique, qui endort l'ani-
mal toute la nuit d'un sommeil de plomb. Il peut donc,
tout à son aise, reprendre le chemin de la gouttière et
se livrer une partie de la nuit à son plaisir favori. Pendant longtemps, il peut ainsi, content de son stratagème,
recommencer son concert aérien. Mais il n'est pas de
bonheur parfait ici-bas, et le pauvre violoniste ne tarda
pas à s'en apercevoir.

Le côté de la maison sur lequel il était juché donnait
sur la cour d'un pensionnat. Un soir, malencontreux
incident ! une pensionnaire indisposée, étant venue se
promener dans la cour, entendit les improvisations de
notre virtuose qu'elle ne pouvait découvrir, caché qu'il
était sous un bouquet d'arbres. Plusieurs fois, elle
revint à la même place, et l'imagination aidant, elle
était pas éloignée de croire qu'un sylphe, un être
mystérieux, inconnu, venait là pour se révéler à elle
par les accents les plus tendres et les plus touchants.
Elle conta l'aventure à une compagne qui s'empressa
d'en faire part à une troisième, et comme un secret
connu de trois personnes n'est plus un secret, tout le
pensionnat fut bientôt au courant de l'événement. Le
père de Dalayrac finit par tout découvrir, mais il s'avoua
vaincu : la résistance n'était plus possible contre une
résolution si bien arrêtée.

D'ailleurs, que pouvait-on reprocher au persévérant
violoniste ? Il venait de passer avec succès sa licence en
droit, il était reçu avocat ; son penchant pour la musique et ses concerts clandestins n'avaient donc pas nui
à ses études.

Le père ne fit aucun reproche à son fils, mais un jour
il entra dans sa chambre, accompagné d'un serrurier
chargé de grillages et de barres de fer.

— Mon cher garçon, dit-il, je suis fort inquiet.

— Et de quoi donc, papa ?

— D'une aventure, un sot conte qui court par toute
la ville, et que tu ne comprendras pas plus que moi.
On prétend qu'on a vu, à plusieurs reprises, rôder pendant la nuit un homme sur le toit de notre maison. Ce
ne peut être qu'un voleur, et pour te mettre hors de
ses atteintes, je vais faire grillager solidement ta fenêtre. »

Adieu les concerts aériens et les délicieuses improvisations sous le firmament étoilé, aux pâles lueurs
de la lune !

Mais quelle ne fut pas la joie de Dalayrac lorsqu'il
entendit son père lui dire qu'il lui permettait de jouer
du violon pourvu qu'il ne négligeât pas ses affaires.
Tout entier à la joie, il étudia pendant quinze jours, sans
toucher à son cher instrument, une plaidoirie qu'il
devait prononcer pour son début au barreau de Muret.
La cause fut gagnée, mais le début de notre avocat avait
été détestable.

Le père de Dalayrac, reconnaissant que son fils n'avait
pas les aptitudes nécessaires pour faire un bon avocat,
résolut de lui créer une autre situation. Huit jours
après son échec au barreau de Muret, le jeune avocat
musicien était incorporé dans les gardes du comte
d'Artois, compagnie de Crussol.

Après des adieux déchirants à sa bonne mère, Dalayrac
partit pour Versailles. Son caractère doux et sympathique lui attira bientôt de nombreuses amitiés
parmi ses camarades, pendant que ses bonnes manières,
la bonne éducation qu'il avait reçue et ses goûts artis-

tiques lui ouvraient les portes des meilleures maisons. Il fut reçu dans l'intimité chez M. le baron de Bezenval et chez M. Savalette de Lange, où il fit la connaissance du célèbre violoniste mulâtre, le chevalier de Saint-Georges, et du compositeur Langlé.

Dalayrac aurait désiré prendre des leçons de composition, mais les faibles ressources dont il disposait ne le lui permettaient pas. Il touchait annuellement 600 fr. de solde et une pareille somme de ses parents. Avec 1200 fr. il devait se loger, se nourrir, se vêtir, pourvoir en un mot à tous ses besoins. Après des merveilles d'économies sur le petit écu qu'il avait à dépenser chaque jour, il arrivait parfois à mettre de côté la somme nécessaire pour aller de temps en temps à la Comédie-Italienne, entendre les chefs-d'œuvre de Philidor, de Monsigny et de Grétry, de tous ces maîtres dont il devait être un jour le rival et l'émule. Il sortait enthousiasmé de ces représentations et il brûlait du désir de produire aussi quelque chose.

Le compositeur Langlé, qui avait pris Dalayrac en affection, lui témoignait une vive sympathie chaque fois qu'il le rencontrait chez des amis communs. Un soir, notre futur maëstro s'enhardit à demander quelques leçons gratuites de composition ; il se trouvait trop pauvre pour payer. Langlé avait toutes ses heures prises : il n'avait de libre que l'heure qu'il employait à sa toilette, chaque jour, de 6 à 7 heures du matin : « Si vous voulez, dit-il à Dalayrac, pendant qu'on me rasera, qu'on me poudrera, et que je m'habillerai, je vous donnerai quelques conseils. »

Le lendemain matin, le jeune garde du comte d'Artois était exact au rendez-vous à six heures et recevait avidement les conseils de Langlé pendant que celui-ci procédait à sa toilette. Les progrès de Dalayrac furent extrêmement rapides : il composa bientôt plusieurs quatuors qu'il fit éditer sous un pseudonyme italien. Ces petites compositions recurent un excellent accueil qui encouragea l'auteur à en écrire d'autres.

Les œuvres de Dalayrac eurent tant de vogue qu'il fut chargé de composer la musique pour la réception de Voltaire dans une loge maçonnique, en 1778, et la musique de la fête que donna Mme Helvétius en l'honneur de l'illustre américain Franklin.

Peu de temps après, nôtre jeune compositeur fut chargé d'écrire la partition de deux petits opéras : *le petit Souper* et *le Chevalier à la Mode*, que M. de Bezenval fit exécuter chez lui en présence de la famille royale. Le succès fut grand et la reine demanda que l'auteur lui fût présenté. Elle le félicita chaleureusement en lui disant que son frère était bien heureux d'avoir parmi ses gardes un jeune musicien d'un si grand talent.

Ce beau début encouragea Dalayrac. Il produisit bientôt pour la grande scène de l'Opéra-Comique *l'Eclipse totale*, *le Corsaire*, *les deux Tuteurs*, *l'Amant-statue*, *la Dot*, qui le placèrent immédiatement au rang des meilleurs musiciens de son temps.

A partir de ce moment, Dalayrac ne cessa plus d'écrire de jolis opéras. Il nous serait impossible de donner la liste, encore moins d'analyser les cinquante-trois opéras qu'il mit à la scène. Nous donnerons cependant une mention spéciale à *Nina ou la Folle par amour*, qui obtint un succès retentissant. Nina est une pauvre jeune fille qui attend le retour de son fiancé pour célébrer leur mariage. Un jour qu'elle s'était mise en route pour aller au-devant de lui, elle apprend qu'il est mort. A cette nouvelle elle devient folle et tous les jours, pendant plus de cinquante ans, elle s'achemine vers l'endroit où elle espère retrouver son futur. Arrivée à l'endroit fixé pour le rendez-vous du retour, de ses yeux égarés elle fouille l'horizon de tous côtés, et découragée elle rentre chez elle en chantant : *Il n'est pas arrivé ; allons, je reviendrai demain.* La musique de ce morceau est suave et le public l'a beaucoup applaudie.

C'était une hardiesse de vouloir transporter la folie sur une scène lyrique, mais Dalayrac le fit avec tant d'art que le succès lui donne raison.

Parmi les autres partitions de l'auteur de *Nina*, nous citerons : *Azémia, Renaud d'Ast, Fanchette, Sargines, les deux petits Savoyards*, qui renferme la chanson bien connue :

Escouto d'Jeannetto
Veux-tu d'biaux habits
Laridetto
Escouto d'Jeannetto
Pour aller à Paris?

Puis vinrent *Raoul, sire de Créqui*, et *le Chêne patriotique* ou *la Matinée du 14 Juillet*. Il dirigeait les répétitions de cette dernière pièce quand il fut rappelé dans sa famille par la mort subite de son père. Il partit pour Muret afin de consoler sa pauvre mère.

Apprenant que son père avait fait son testament en sa faveur, comme l'aîné de la famille, il renonça à la succession en faveur de sa mère et de ses frères et sœurs. Il pouvait se suffire.

A son retour à Paris il apprit qu'il avait perdu 40.000 fr. d'économies qu'il avait déposées chez M. Savalette de Lange. Pour comble de malheur, moins de six mois après, il était rappelé à Muret par la mort de sa mère qui n'avait pas pu supporter le deuil cruel qui l'avait frappée. A tant de malheurs, le ciel devait bien une compensation à notre infortuné compositeur. Il la trouva dans le mariage qu'il contracta en 1792 avec une jeune personne qui devint la compagne, l'amie de toute sa vie.

Revenu à Paris à la fin de l'année 1792, en pleine période révolutionnaire, Dalayrac se remit au travail avec une nouvelle ardeur sans se laisser arrêter par le malheur de ces temps troublés. Nous citons sans commentaires les titres de quelques-uns des opéras qu'il écrivit pendant la dernière partie de sa vie : *Camille* ou *le Souterrain*, *Ambroise*, *Adèle et Dorsan*, *la Maison isolée* ou *le Vieillard des Vosges*, *Primrose*, *Gulnare*, *Alexis*, *Monténère*, *Adolphe et Clara*, *Maison à vendre*, *Léhéman*, *Picaros et Diégo*, etc., etc.

Lors de l'institution de l'ordre de la Légion d'honneur, Dalayrac fut créé chevalier. Il se montra très flatté de cette distinction et pour remercier l'Empereur et Roi de la lui avoir conférée, il composa l'opéra : *le Poète et le Musicien*, qu'il fit mettre immédiatement en répétition afin de pouvoir le faire jouer devant l'Empereur avant son départ pour la campagne d'Espagne. Mais un des meilleurs chanteurs, Martin, tomba malade, la mise en scène fut retardée et Napoléon partit pour l'Espagne sans avoir entendu la pièce nouvelle. Dalayrac, épuisé par un travail forcé, et désespéré de voir avorter le fruit de tant d'efforts, tomba malade à son tour : une fièvre nerveuse le saisit et le délire s'empara de lui. A sa femme et à ses enfants qui se pressent en pleurs autour de son lit, il ne répond que par des chants insensés et c'est en bégayant des phrases musicales de son dernier ouvrage qu'il meurt, le 27 nov. 1809. Ce fut un coup de foudre pour ses amis et ses admirateurs, qui lui firent des obsèques magnifiques.

Dalayrac fut inhumé dans le jardin de sa campagne de Fontenay-sous-Bois. Son collaborateur et ami intime, Marsollier, a prononcé un discours ému sur sa tombe, et les artistes de l'Opéra-Comique firent faire son buste en marbre par le sculpteur Cartelier. Ce buste, avec cette inscription : *A notre bon ami Dalayrac,* a figuré au foyer du public jusqu'à l'incendie de ce théâtre, en 1887.

Compositeur facile, Dalayrac n'avait pas le génie de Grétry, mais ses mélodies agréables, bien tournées, tour à tour gracieuses, dramatiques ou spirituelles, serviront encore longtemps de modèles à ceux qui voudront faire de la musique un plaisir pour les auditeurs, et non comme une étude plus ou moins savante et compliquée. Ce qui doit surtout être loué chez Dalayrac, c'est le sentiment et l'entente de la scène qu'il possédait au plus haut degré, et une grande habileté à saisir les goûts du public pour y adapter ses combinaisons musicales.

MÉHUL

Méhul (Élie-Nicolas) est né à Givet, le 22 juin
1763, de Jean-François Méhul et de Cécile Keuly. Son
père était un modeste cuisinier ; mais il avait servi dans
le corps du génie ; il obtint plus tard, par le crédit de
son fils, la place de garde du génie attaché aux forti-
fications de Charlemont. Comme ses parents n'étaient
pas riches, le jeune Méhul apprit de bonne heure à se
suffire à lui-même. Ayant senti s'éveiller en lui le goût
de la musique, il reçut gratuitement les leçons d'un
pauvre aveugle, organiste d'une église de Givet. Le
plain-chant de l'église et les ritournelles des violoneux
de campagne furent les éléments de sa première instruction musicale. Sans être un artiste fort habile, son
vieux professeur eut cependant le talent de deviner les
heureux instincts de son élève, et, en développant ses
dispositions naturelles, de le préparer à recevoir avec
fruit des leçons plus élevées que celles qu'il pouvait lui-
même donner.

Le petit Étienne fit des progrès très rapides et son
habileté sur l'orgue était si grande que, sur la recommandation de son maître, on lui confia la place d'organiste de la chapelle du couvent des Récollets. Il
n'avait que dix ans. On ne tarda pas à parler de lui et
les religieux se félicitaient des encouragements qu'ils
lui avaient donnés : on déserta bientôt l'église parois-
siale pour se porter en foule au couvent des Récollets :
la chapelle devint trop petite pour contenir les nom-

breux auditeurs qui se pressaient chaque dimanche aux offices pour entendre le jeu brillant du jeune musicien.

Depuis deux ans, Méhul remplissait, à la satisfaction générale, les fonctions d'organiste chez les religieux Récollets, lorsque l'Allemand Wilhelm Hauser, religieux de l'ordre de Prémontré, inspecteur du chœur du monastère de Schusseuried, en Souabe, fut appelé pour tenir l'orgue à l'abbaye de Laval-Dieu. L'abbé Lissoir, le supérieur de ce couvent célèbre, avait fait sa connaissance dans un voyage en Souabe et l'avait prié de venir passer quelques années dans les Ardennes. On était alors en 1775. A peine Wilhelm Hauser s'était-il fait entendre sur l'orgue que sa réputation se répandit dans tout le pays. Comme bien on pense, Méhul ne fut pas le dernier à connaître cette bonne nouvelle et il calcula tout de suite le profit qu'il pouvait retirer de la présence de ce musicien célèbre, à quelques lieues de Givet. Dès ce moment, il brûla du vif désir de lui être présenté et de devenir son élève. L'organiste allemand l'accueillit favorablement, et, charmé de l'enthousiasme de cet enfant de douze ans, consentit à le prendre comme élève. Une grosse difficulté se présentait : Laval-Dieu était trop éloigné de Givet pour penser à faire le trajet deux fois par jour ; d'un autre côté, les parents de Méhul étaient trop pauvres pour payer sa pension, si petite qu'elle fût. L'abbé Lissoir se montra plein de bonté pour l'enfant en cette circonstance : il l'admit généreusement au nombre des commensaux du monastère. Méhul était au comble de la joie. Loin des distractions mondaines, dans un endroit silencieux, au milieu d'un site délicieux, dans les montagnes, il se trouvait dans les meilleures conditions pour étudier, sous un maître habile, l'orgue et la composition. Pour exciter son émulation, on lui donna des compagnons qui

venaient eux aussi recevoir les leçons du maître. On
lui avait abandonné une partie du jardin, pour lui permettre de se délasser de ses travaux en se livrant au
goût passionné qu'il conserva toujours pour la culture
des fleurs. Il était placé, on le voit, dans les conditions
les plus favorables.

Le jeune Givetois se montra reconnaissant en tra-
vaillant avec ardeur : ses progrès furent excessivement rapides et il ne tarda pas à payer la généreuse
hospitalité qu'il recevait en remplaçant son maître à
l'orgue quand il était obligé de s'absenter. Méhul
était heureux : il s'était attaché à son professeur, les
religieux l'aimaient beaucoup et parlaient de le nommer leur organiste après le départ de Hauser ; ses
parents étaient fiers de penser que leur fils pourrait
devenir moine dans une abbaye riche et renommée :
tout enfin semblait devoir fixer le jeune organiste dans
cette paisible retraite, où il avouait plus tard avoir
passé les années les plus heureuses de son existence. Il
ne devait pas en être ainsi.

En 1778, le colonel d'un régiment en garnison à
Charlemont, grand amateur de musique et lui-même
habile claveciniste, ayant entendu Méhul improviser
sur l'orgue, pressentit l'avenir qui attendait le jeune
artiste. Il s'offrit de le conduire à Paris, de pourvoir
aux frais de son éducation musicale et d'assurer son
avenir. Ce mot magique : Paris, sonna agréablement
aux oreilles de Méhul et fit briller à ses yeux le mirage
de la gloire artistique. Tous ses beaux rêves monas-
tiques s'évanouirent. Mais quel triste désenchantement
l'attendait dans la grande ville ! Pendant un an il lutta
contre la misère, contre la faim, contre l'obscurité.
Combien de fois ne dut-il pas regretter sa douce retraite de Laval-Dieu ?

L'abbé Lissoir, le supérieur du couvent de Laval-Dieu, à qui Méhul avait conté sa détresse, réussit à lui faire obtenir une place d'organiste dans une église de Paris. Une fois connu, le jeune artiste obtint de donner des leçons particulières, ce qui lui permit de devenir lui-même l'élève du fameux pianiste Edelman, dont il devait bientôt devenir le rival.

Une année s'était écoulée ainsi, à végéter tant bien que mal, lorsque, à la fin d'avril 1779, les échos de la grande ville lui firent connaître les éloges admiratifs que provoquait déjà chez les initiés la prochaine représentation de l'*Iphigénie en Tauride*, de Gluck. Méhul fit des prodiges d'économie pour se procurer une place au théâtre, et il prit dès ce moment la résolution de se présenter chez l'auteur d'une si merveilleuse musique : la chose n'était pas facile, car l'illustre maëstro avait condamné sa porte. Méhul essuya plusieurs refus, mais il ne se découragea pas. Un jour, il fut assez heureux pour arriver jusqu'à Mme **Gluck**, et lui demanda la faveur d'être introduit auprès de son mari. Elle le fit entrer dans une pièce voisine et le cacha derrière un grand paravent d'où il pouvait tout voir sans être aperçu.

Méhul était depuis quelque temps déjà à son observatoire lorsque Vestris, le célèbre danseur, entra comme une bombe dans le cabinet de Gluck. Le musicien et le danseur échangèrent des paroles vives, une altercation s'ensuivit, au cours de laquelle le paravent fut renversé sur Méhul pendant que Vestris mettait à profit la vigueur de ses jarrets pour s'enfuir à toutes jambes. Gluck, furieux, referma la porte, et se retournant aperçut le pauvre Méhul qui, dans la crainte d'étouffer, sortait de dessous le paravent. Gluck allait lui faire un mauvais parti, lorsque sa femme, accourant au bruit de la bagarre, donna l'explication de l'énigme.

Le maëstro se radoucit, un sourire de bonté vient alors éclairer sa figure ; l'hommage naïf du jeune artiste, son ingénuité, son enthousiasme lui plaisent ; il l'accueille avec affection, lui promet sa protection, ses conseils, ses leçons, et lui permet de venir le voir à toute heure.

Méhul est au comble de ses vœux ; il suit et écoute avidement les leçons du grand maître, qui lui offre gratuitement une place pour le soir de la représentation fixée au 18 mai. L'*Iphigénie en Tauride* eut un succès colossal qui ne fit qu'exciter l'enthousiasme et l'admiration de Méhul.

Sous la direction du grand artiste, et dans le seul but de s'exercer à la composition, le futur auteur de *Joseph* écrivit les partitions de *Psyché*, de l'abbé de Voisenon, de l'*Anacréon* de Gentil-Bernard, et de *Lausus et Lydie*, de Valladier. Croyant alors pouvoir se hasarder sur la scène lyrique, malgré ses vingt ans, Méhul présenta à l'Académie royale de musique un opéra en quatre actes, *Alonzo et Cora*, qui fut reçu, mais qui dut attendre pendant *six ans* les honneurs de la mise en scène. Fatigué de ces lenteurs, le jeune compositeur se tourna vers l'Opéra-Comique qui accueillit et fit jouer immédiatement *Euphrosine et Coradin* ou *le Tyran corrigé*. Cette pièce obtint un succès considérable. Grétry, qui n'était pas tendre pour la musique des autres, traduisit le sentiment public en appréciant comme il suit le duo du deuxième acte : *Gardez-vous de la jalousie* : « Le duo d'Euphrosine est peut-être le plus beau morceau d'effet qui existe!... Je n'excepte même pas les beaux morceaux de Gluck. Ce duo est dramatique : c'est ainsi que Coradin furieux doit chanter ; c'est ainsi qu'une femme dédaigneuse et d'un grand caractère doit s'exprimer ; la mélodie en premier ressort n'était point ici de saison. Ce duo vous agite pendant toute sa durée ; l'explosion qui est à la fin semble ouvrir le crâne des spectateurs avec la voûte du théâtre. »

Un succès aussi éclatant dessilla les yeux des administrateurs de l'Académie de musique qui s'empressèrent de monter *Alonzo et Cora*, dont le sujet était tiré des *Incas*, de Marmontel. Cet opéra, après avoir tenu la rampe seulement quelques soirées, tomba lourdement. L'auteur prit une revanche brillante avec *Stratonice*, drame lyrique en un acte, qui renferme un magnifique quatuor et l'air si vanté : *Versez tous vos chagrins dans le sein paternel.*

Deux opéras d'une facture si magistrale avaient solidement établi la réputation de Méhul. Cependant, il donna plusieurs partitions qui eurent peu de succès : *Adrien, Horatius Coclès, le jeune Sage et le vieux Fou, Doria.* Ces opéras renfermaient sans doute de beaux passages, mais ils tombèrent pour des raisons indépendantes de la volonté de l'auteur.

A cette époque, Méhul composa les admirables hymnes patriotiques qui ont immortalisé son nom : *le Chant du départ, le Chant de victoire, le Chant du retour, la Chanson de Roland.* De tous ces hymnes, *le Chant du départ*, qui fut exécuté la première fois pour fêter le quatrième anniversaire de la prise de la Bastille, est le seul qui ait pu se soutenir à côté de la *Marseillaise*. Méhul l'avait écrit sur le coin d'une cheminée, dans le salon de Sarrette, au milieu d'une conversation bruyante.

> La victoire en chantant, nous ouvre la barrière,
> La liberté guide nos pas ;
> Et du nord au midi, la trompette guerrière
> A sonné l'heure des combats.

Ces mâles accents de J. Chénier, immortalisés par la musique de Méhul, excitèrent le courage de nos pères et contribuèrent, avec l'hymne de Rouget de l'Isle, aux victoires que nos soldats remportèrent sur vingt champs de bataille.

Après quelques pièces qui ne trouvèrent pas grâce devant le public, comme *Phrosine et Mélidor* et *la Caverne*, Méhul excita un enthousiasme indescriptible avec *le jeune Henri*. L'ouverture de cet opéra électrisa à ce point l'auditoire que l'orchestre dut la jouer une seconde fois. La pièce tomba sous le déchaînement des passions politiques : les acteurs durent s'arrêter avant d'avoir terminé ; mais le public redemanda l'ouverture une troisième fois, donnant ainsi au compositeur un témoignage de son admiration. Ce fut à coup sûr un des plus beaux triomphes que jamais compositeur ait obtenu.

Cette *Ouverture du jeune Henri*, dit M. Félix Clément, est d'une perfection achevée. L'auteur a su grouper, autour d'une fanfare de chasse, des développements si intéressants, des rythmes si heureux dans les accompagnements, et donner à l'orchestre une sonorité si franche et si variée qu'elle est restée un modèle du genre. Dans un festival qui a eu lieu à l'occasion de l'Exposition universelle de 1867, quatre mille exécutants l'ont fait entendre, sous la direction de M. Georges Hainl, devant un auditoire de quinze mille personnes ; la vieille ouverture est sortie triomphante de cette épreuve. »

Froissé de l'injustice du public qui avait refusé d'entendre *le Jeune Henri*, après avoir redemandé jusqu'à trois fois l'*Ouverture*, Méhul garda un silence obstiné. Il se consacra à l'organisation du Conservatoire et à ses fonctions d'inspecteur de la musique de cet établissement : par l'étendue de ses connaissances, la droiture de son caractère et la bonté de ses sentiments, il exerça une influence salutaire sur notre célèbre école de musique. Mais comment bouder à la gloire ? Après deux ans de silence il revint au théâtre et donna successivement : *Ariodant*, dont le sujet est tiré de l'*Orlando furioso* de l'Arioste et qui renferme la célèbre romance :

Femme sensible, entends-tu le ramage ?

Bion et *Epicure* ne réussirent pas : il faut en chercher la cause dans l'évolution qui se manifesta alors dans le goût du public. Le *Théâtre de la Victoire*, avec le concours de virtuoses bouffes, avait mis à la mode la musique italienne en faisant connaître les suaves et élégantes inspirations de Paisiello, de Cimarosa, de Guglielmi. On répétait alors sur tous les tons que la musique italienne seule avait de la grâce et de la légèreté : le premier Consul lui-même déclara hautement que la musique française devait céder le pas à sa voisine.

Blessé dans son amour-propre de compositeur et de Français, Méhul étudia les moyens employés par les auteurs italiens et il écrivit *l'Irato* ou *l'Emporté*, qu'il donna sous le nom de Signor Fiorelli, un Napolitain de fantaisie. Le public tomba dans le piège et la pièce fut reçue avec des trépignements d'enthousiasme. Bonaparte, qui assistait à la représentation, répétait avec la foule des auditeurs : « Il n'y a que la musique italienne ! » A la fin de la scène le public demande à grands cris le nom de l'auteur ; le régisseur s'avance solennellement sur la scène, et gravement prononce le nom de *Méhul*. La mystification était complète ; on rit, c'était le parti le plus sage. Méhul fit graver la partition et en offrit la dédicace à Bonaparte, qui eut l'esprit de l'accepter.

A *l'Irato*, succédèrent, de 1802 à 1806, *Une folie, le Trésor supposé, Joanna, l'Heureux malgré lui, Héléna, Gabrielle d'Estrées, les Aveugles de Tolède*, écrits dans la manière italienne et qui n'eurent que des succès de peu de durée. *Uthal*, composition sérieuse, dans laquelle se trouve le chœur remarquable du *Sommeil des Bardes*, le ramena dans son domaine.

La France était alors resplendissante de gloire, et Napoléon, qui avait organisé l'empire, ne voulut rien négliger de ce qui pouvait en augmenter la splendeur. Il aimait beaucoup Méhul, et pour rendre hommage à son talent il lui proposa de remplacer, comme maître de chapelle, le célèbre Paisiello, qui voulait retourner en Italie. Guidé par un sentiment de générosité assez rare, Méhul, qui voyait son maître dans la science en Chérubini, d'ailleurs plus âgé que lui de trois ans, déclina l'offre de l'Empereur. En acceptant, il aurait cru commettre une usurpation, et il proposa qu'au moins son émule de gloire entrât pour moitié dans la faveur qui lui était offerte. Napoléon répondit: « Ne me parlez pas de cet homme-là. » Pour expliquer la réponse faite à Méhul, nous rappellerons que Napoléon, alors qu'il n'était encore que le général Bonaparte, avait critiqué un peu trop vivement quelques compositions de Chérubini. Celui-ci, piqué dans son amour-propre, avait répondu : « Général, mêlez-vous de gagner des batailles, c'est votre métier ; mais laissez-moi faire le mien auquel vous n'entendez rien. » Devenu Empereur, il n'avait pas oublié cette réplique. C'est Lesueur qui obtint la place de maître de la chapelle impériale. Comme dédommagement, Méhul, déjà membre de l'Institut et décoré de la Légion d'honneur dès la créa-

tion de cet ordre, reçut une pension de deux mille
francs.

Nous avons dit qu'avec *Uthal* Méhul était rentré
dans son domaine : il s'y éleva au point culminant avec
Joseph, représenté le 17 février 1807. « Un style grandiose et sévère, une orchestration d'une pureté et d'une
limpidité incomparables, une expression forte et sou-
tenue, telles sont les qualités qui placent cette partition au plus haut rang. » On admire encore aujourd'hui
l'air ému :

> Champs paternels, Hébron, douce vallée,

qui serait peut-être le plus beau qu'il y eût au théâtre, dit M.-P. A. Vieillard, sans celui de *Stratonice :*

> Versez tous vos chagrins dans le sein paternel.

Nous citerons encore la romance d'une sensibilité si
pénétrante :

> A peine au sortir de l'enfance,

et le duo pathétique de Jacob et de Benjamin :

> O toi, le digne appui d'un père.

Nous aurions tout à citer, si nous voulions indi-
quer toutes les beautés que renferme cette remarquable partition.

Il ne faudrait cependant pas croire que l'opéra de
Joseph a été reçu avec enthousiasme en France : cette
conception était encore trop forte pour les amateurs de
cette époque. Mais après une tournée triomphale en
Allemagne, elle fut accueillie chez nous avec la faveur
qu'elle méritait.

Méhul avait atteint le point culminant de sa carrière
d'artiste et de compositeur inspiré ; il avait parcouru
tous les genres et réuni sur son front toutes les couron-

nes lorsque, en 1808, il voulut revoir son pays natal.
Il revint à Givet, et ses compatriotes firent une ovation
chaleureuse et enthousiaste à l'ancien petit organiste du
couvent des Récollets et de l'abbaye de Laval-Dieu !

Malgré toutes les apparences du bonheur, une fortune considérable et la réputation d'être le plus grand
compositeur de son temps, Méhul, doué de cette disposition mélancolique qui est la couronne d'épines du
génie, était loin d'être heureux. Sombre par tempérament et par caractère, comme le prouve l'habitude
qu'il avait prise de mettre une tête de mort sur son
piano, il était sans cesse inquiet sur sa renommée présente et sur le sort de ses ouvrages dans la postérité :
un demi-succès faisait vibrer dans son cœur une note
aussi douloureuse que celle d'une chute complète : il
se croyait environné d'ennemis conjurés contre son
repos et maudissait parfois le jour où il avait embrassé
la carrière dramatique. Découragé par le peu de succès
de ses deux dernières productions *les Amazones* et
le Prince Troubadour, il tomba dans une mélancolie
plus profonde, et sa santé s'altéra. D'une organisation
physique très délicate, miné lentement par une affection de poitrine que les soins les plus intelligents n'avaient pu enrayer, Méhul fut profondément affligé, en
1815, par la suppression du Conservatoire qu'il avait
contribué à fonder. Il tomba malade, mais comme chez
lui la force morale et l'énergie du sentiment contrastaient d'une manière frappante avec sa constitution
physique, il continua son travail accoutumé. Mais l'inspiration l'abandonnait, ses forces l'obligeaient de s'arrêter souvent et lui permettaient à peine d'aller dans
le jardin de sa modeste villa de Pantin pour y voir ses
fleurs, qui, avec la musique, avaient été la passion de
toute sa vie.

En 1816, il donna cependant encore : *la Journée aux Aventures*, dernier ouvrage de sa main affaiblie, mais qui renfermait encore quelques éclairs de son génie. Le public, qui pressentait la fin prochaine de l'auteur, applaudit cette dernière partition : ce fut un dernier témoignage d'admiration et un adieu au grand artiste !...

Cependant, la maladie exerçait ses ravages : Méhul déclinait. Ses amis inquiets lui firent comprendre, non sans peine, qu'il devait aller chercher dans le midi un climat plus doux. Après avoir résisté longtemps, il quitta Paris, accompagné de son neveu Daussoigne, le 18 janvier 1817, pour se rendre à Hyères. Sur sa route il obtint des témoignages non équivoques de sympathie, et la ville de Marseille lui fit au théâtre une brillante ovation.

Mais le coup fatal était porté. Après un mois de séjour à Hyères, il écrivait à son ami P.-A. Vieillard une lettre désolée dans laquelle il disait : « Pour un peu de soleil, j'ai rompu toutes mes habitudes, je me suis privé de tous mes amis et je me trouve *seul*, au bout du monde, dans une auberge, entouré de gens dont je puis à peine comprendre le langage. Vous qui comprenez si bien celui de l'amitié, rendez-moi à ceux qui me sont chers !... » Il ne put vivre loin de Paris, et il y revint au mois de mai ; l'Académie des Beaux-Arts le vit encore à une de ses séances ; mais lorsque de la dépouille des bois l'automne eut jonché la terre, l'auteur de *Joseph* fut obligé de quitter sa maison de Pantin pour rentrer à Paris. C'est là qu'il rendit le dernier soupir, le 18 octobre 1817, âgé seulement de 54 ans.

Ses obsèques eurent lieu le 20 octobre à l'église Saint-Vincent-de-Paul : cent quarante symphonistes

exécutèrent sous la direction de Lesueur et de Plantade
la messe de *Requiem* de Jomelli. M. Quatremère de
Quincy prononça l'éloge de Méhul à l'Académie des
Beaux-Arts et, en son honneur, l'Académie royale de
Munich fit exécuter un chant funèbre. Deux mois
après, des élèves du chant du Conservatoire se rendirent
au cimetière du Père-Lachaise et offrirent un touchant
hommage à sa mémoire en exécutant sur sa tombe le
chœur du *Sommeil des Bardes*, dans *Uthal*.

M. P.-A. Vieillard, intime ami de Méhul, lui consacra les vers suivants que l'*Almanach des Muses* a publiés en 1818 :

> Tu meurs, fils d'Apollon !... De ton luth enchanté,
> Comme un gémissement, le dernier son expire !...
> Tu meurs !... Mais renaissant par l'immortalité,
> La gloire te ravit au ténébreux empire.
> Aux noms chéris des Dieux ton nom associé
>   Brille de l'éclat de ta vie ;
> Et, sur ta tombe éclos, le laurier du génie
>   Croît sous les pleurs de l'amitié !

En mourant, Méhul laissait inachevée la partition de
Valentine de Milan, qui fut terminée par Daussoigne,
son neveu et son élève, et qui fut représentée avec succès en 1822.

Méhul avait de l'esprit, de l'instruction et sa conversation était des plus intéressantes. Son caractère était
généralement tenu en haute estime, considération que
lui méritaient sa probité, son inépuisable bienveillance
et son désintéressement. Passionné pour l'art musical,
mais antipathique à l'intrigue, Méhul ne plia qu'à moitié devant les pouvoirs. Les plus hautes fortunes politiques ne purent l'éblouir, et devant les personnages
les plus impérieux, il sut maintenir fermement sa
dignité.

Disciple de Gluck, il fut le maître d'Hérold. C'est ainsi que la famille des grands artistes se donne la main à travers les âges et que se transmettent de génération en génération les belles et pures traditions de l'art.

LESUEUR

Lesueur (Jean-François) est né à Drucat-Plessiel,
hameau situé à peu de distance d'Abbeville, le 15 février
1760, d'une ancienne famille originaire du comté de
Ponthieu. Il était arrière-petit-neveu du célèbre peintre Eustache Lesueur, dont nous avons raconté la vie
dans un autre ouvrage (1). Dès l'âge de sept ans, Lesueur
montra des dispositions remarquables pour la musique. Voici comment M. de Pongerville, un de ses biographes, raconte de quelle façon se manifesta le goût
artistique du futur compositeur.

« A l'âge de six ans, Lesueur entend la musique d'un
régiment qui passait sur la grande route. Plein d'extase, il s'écrie : « Quoi ! plusieurs airs à la fois ! » Les
merveilles de l'harmonie se révélaient à cette enfantine
intelligence. Maîtrisé, entraîné à son insu, il suit le
régiment. Chaque fois que les chants retentissent son
extase redouble et il éprouve le besoin de plus en plus
impérieux d'entendre encore ces chants. Il a cheminé
pendant plus de cinq heures et il ne s'en aperçoit pas.
Enfin ses jambes chancellent, ses pieds meurtris s'ar-
rêtent malgré sa volonté. Haletant, il se couche sur le
bord de la route et rapproche instinctivement son oreille
de la terre pour percevoir encore quelques-uns de ces

---

(1) *Les grands peintres du XVIIe siècle*, page 109, Lecène, Oudin
et Cie, éditeurs.

sons qui l'enchantent. Sa famille inquiète se met à sa recherche, on suit les traces du régiment, et on trouve l'enfant étendu sur l'herbe, immobile, brisé de fatigue, mais rayonnant d'enthousiasme. De retour à la maison, il refuse de se livrer aux occupations habituelles, il ne le peut plus. Une seule préoccupation s'est emparée de son esprit. — Plusieurs airs à la fois ! — Tantôt avec la voix, tantôt avec des instruments grossiers, il essaie de reproduire les airs qui l'ont enivré. Ses parents, désolés, craignent la perte de sa raison. Un voisin plus expérimenté leur dit : « L'enfant éprouve une crise : puisqu'il s'obstine à chanter et à musiquer, placez-le à la maîtrise des chanoines d'Abbeville, il y chantera tout à son aise et peut-être plus qu'il ne voudra. »

Cet avis judicieux fut suivi et le petit Lesueur entra à la maîtrise d'Abbeville, pour passer ensuite comme enfant de chœur à la cathédrale d'Amiens : il y resta jusqu'à quatorze ans. Pendant ces sept années, notre petit paysan ne resta pas inactif. Tout en donnant libre carrière à son goût pour le chant et la musique, il apprit les premiers éléments du grec et du latin. Il entra ensuite au collège d'Amiens pour y achever ses études et faire sa philosophie.

Il terminait ses humanités, en 1778, lorsqu'on lui offrit la place de maître de musique de la cathédrale de Séez. Il accepta. Il avait alors dix-huit ans. Après un séjour de six mois en Normandie, Lesueur vint à Paris occuper le poste de sous-maître de musique de l'église des Saints-Innocents, où, pendant un an, l'abbé Rose, médiocre compositeur, mais théoricien excellent, lui donna des leçons de composition et d'harmonie. Ce fut son unique maître, son travail opiniâtre et ses observations personnelles firent tout le reste.

A la fin de l'année 1780, Lesueur quitta l'église des

Saints-Innocents, où il devait revenir comme maître,
quatre ans plus tard, pour occuper successivement les
postes de maître de musique à Dijon, au Mans, à Tours.

Étant venu à Paris, en 1784, il eut l'occasion de
faire connaissance avec Grétry, Philidor et Gossec, qui
le prirent sous leur protection et lui firent obtenir la
direction de la maîtrise de l'église des Saints-Innocents, où il succéda à l'abbé Rose, son maître.

Deux ans après, en 1786, la place de maître de
musique à l'église cathédrale de Notre-Dame de Paris
étant devenue vacante, Lesueur prit part au concours
pour la nomination d'un titulaire. Lesueur l'emporta
sur quarante-cinq concurrents, quoiqu'il n'eût encore
que vingt-six ans. Inconnu jusqu'alors, le jeune lauréat
entreprit une série de travaux qui attirèrent sur lui
l'attention publique. Son goût le portait plus tôt vers le
théâtre que vers la musique sacrée, mais il avait besoin
de son emploi pour vivre ; il le conserva, mais il intro-
duisit dans les champs liturgiques des accents inconnus
jusqu'alors. Il dut mettre le petit collet, et porta de ce
moment le nom de l'abbé Lesueur.

Ses *Gloria in excelsis* et ses *Regina cœli* furent accueillis avec une faveur marquée. Enhardi par ce succès,
il composa pour la messe de Pâques une ouverture qui
fit une sensation profonde et déchaîna contre lui la
tourbe des envieux et des jaloux qui l'accusèrent de
transformer la cathédrale en une salle de théâtre. L'archevêque se mit de son côté, ainsi que ses anciens protecteurs, Philidor et Grétry. Le public leur donna raison
en se pressant sous les voûtes de l'immense basilique
pour entendre les productions de ce génie plein de
sève, d'originalité et de grandeur. Ses messes et ses
oratorios étaient de véritables solennités dont l'éclat
augmentait de jour en jour, et qui attirait à Notre-
Dame un immense concours d'assistants.

Les hardiesses du jeune novateur eurent des admirateurs enthousiastes et des détracteurs non moins convaincus. Il s'ensuivit une polémique à laquelle Lesueur lui-même prit part en publiant une brochure intitulée : *Exposé d'une musique imitative et particulière à chaque solennité, où l'on donne les principes généraux sur lesquels on l'établit et le plan d'une musique propre à la fête de Noël.* A cet ouvrage, les ennemis de Lesueur répondirent par un violent pamphlet daté de l'île des chats fourrés : les puritains gallicans, scandalisés, donnèrent à la musique de la cathédrale le nom malsonnant d'*Opéra des Gueux*. Ce fut un déchaînement d'invectives, de pamphlets, de diatribes où le bon goût eut à souffrir autant que la justice.

Le chapitre métropolitain faisait les plus pressantes instances auprès de Lesueur pour le décider à entrer dans les ordres. Ses refus obstinés lui aliénèrent les chanoines qui, dès lors, ne lui ménagèrent plus leurs tracasseries. Le musicien donna un semblant de raison à ses détracteurs en écrivant pour la scène l'opéra de *Télémaque.* Il était, dirent-ils, plus apte pour la musique profane que pour la musique sacrée. Une rupture était imminente; elle arriva en 1787.

Pendant que Lesueur était en vacances, les chanoines de Notre-Dame profitèrent de son éloignement pour rétablir l'ancienne musique : la grande musique du directeur de la maîtrise fut proscrite et remplacée par des messes composées pour des voix seules avec un simple accompagnement de violoncelles et de contre-basses. Irrité à son retour par le sans-gêne du procédé employé à son égard, fatigué par les tracasseries de tous genres dont il se voyait l'objet, Lesueur envoya sa démission, et se retira, en 1788, à la campagne, chez un ami, M. Bochard de Champigny. Il y resta quatre ans dans une retraite absolue, se livrant paisiblement à ses travaux de composition, à l'ombre d'une maison hospitalière, loin des rancunes qu'il avait allumées.

Son protecteur étant mort en 1792, Lesueur rentra à Paris au milieu de la période révolutionnaire et le 13 février 1793 il fit représenter, au théâtre Feydeau, un drame lyrique en trois actes, *la Caverne*, dont le sujet avait été tiré d'un épisode de *Gil Blas*. *La Caverne*, dont les chœurs d'originalité et de sombre énergie étaient en harmonie avec les idées de l'époque, eut un succès éclatant. *Paul et Virginie* eut un pareil succès sur la même scène en 1794 ; un des chœurs de *la Caverne* et de *l'Hymne au soleil*, de *Paul et Virginie*, sont devenus classiques. Le *Télémaque*, composé par Lesueur au milieu des préoccupations de la maîtrise, reçu par l'Opéra et qui n'avait jamais été monté, fut joué seulement en 1796, à Feydeau, après que l'auteur eut remplacé le récitatif par un dialogue parlé.

Aux productions théâtrales de Lesueur, il convient d'ajouter les morceaux qu'il mit en musique, à l'occasion des fêtes de la Révolution. Nous citerons principalement :

Hymne pour l'inauguration d'un temple à la Liberté.

Hymne du 9 thermidor.

Chant dithyrambique pour l'entrée triomphale des monuments conquis.

Hymne pour la fête de l'Agriculture.

Hymne pour la fête de la Vieillesse.

En 1795, lors de la formation du Conservatoire, Lesueur fut nommé inspecteur, et il collabora, avec ses collègues Méhul, Langlé, Grétry, Cherubini, Gossec et Catel, à la rédaction des ouvrages élémentaires qui devaient exercer une si grande influence sur l'avenir de la musique. Notre compositeur paraissait devoir

jouir désormais du bonheur, lorsque de nouvelles tri-
bulations vinrent abreuver son existence.

L'auteur de *la Caverne* avait présenté à l'Opéra, qui
les avait reçues, les partitions des *Bardes* et de *la Mort
d'Adam ;* mais avant de montrer ces deux pièces, Sarrette, le directeur du Conservatoire, fit mettre à la
scène la *Sémiramis* de Catel, reçue longtemps après.
Lesueur protesta contre cette injustice ; il rompit d'une
façon éclatante avec l'administration du Conservatoire
et devint le centre de la ligue d'opposition qui s'éleva
à cette époque contre cet établissement. Les esprits
se passionnèrent de nouveau et il s'ensuivit une guerre
de pamphlets, empreints d'un caractère passionné, qui
nuisirent beaucoup à Lesueur, et lui créèrent une situation délicate dans le monde artiste, et, en le privant
de ses fonctions, le plongèrent dans le plus profond
dénûment.

Une circonstance inattendue le sauva. En 1804, Paisiello, le maître de chapelle de l'Empereur, demanda
sa mise à la retraite pour raison de santé ; mais avant
d'accéder à sa demande, Napoléon, après des instances pour le conserver près de lui, le pria de désigner
lui-même son successeur. Son choix s'arrêta sur Lesueur, qui fut accepté et entra immédiatement en fonc-
tion. Il profita de sa haute situation, non pour se ven-
ger de ses détracteurs, mais pour faire représenter son
opéra des *Bardes*. Cette pièce, jouée le 10 juillet 1804,
eut un succès retentissant. Napoléon, récemment cou-
ronné empereur, y assista avec l'impératrice Joséphine.
Après le troisième acte, il fit appeler l'auteur et lui
dit : « Je vous salue, Monsieur Lesueur, venez jouir
de votre triomphe ; voilà de la musique entièrement
nouvelle pour moi et fort belle ; votre second acte est
surtout inaccessible. » Puis, le prenant par la main, il

le fit asseoir entre lui et l'Impératrice, pendant que
toute la salle retentissait des plus frénétiques applaudissements.

Le lendemain, le général Duroc se présentait à
l'hôtel des Menus-Plaisirs, où le compositeur habitait
depuis 1792, comme l'un des fondateurs du Conservatoire et lui remettait, au nom de l'Empereur, le brevet de chevalier de la Légion d'honneur, et une tabatière en or, sur laquelle était gravée cette inscription :
l'Empereur des Français à l'auteur des Bardes. Cette tabatière princière contenait six billets de mille francs.
Six mois après, en raison des recettes importantes que
procuraient à l'Opéra les représentations des *Bardes*,
Lesueur reçut un nouveau cadeau de douze mille francs.
Il se montra sensible à ces présents, mais la démarche
de Paisiello le flatta d'une manière toute particulière :
le vieux maître italien embrassa Lesueur et le félicita
du naturel et de l'originalité de sa composition.

Chargé des diverses parties du service de la musique
impériale, Lesueur avait sous ses ordres les symphonistes de la chapelle qui servaient aussi pour le théâtre
et les concerts de la Cour, et les virtuoses italiens.
Tous les services réunis de la musique de la Cour,
coûtaient environ 350.000 francs. Lesueur avait la
libre disposition de cette somme énorme et rendait
compte annuellement de sa gestion avec la plus scru-
puleuse exactitude. Un jour, l'Empereur lui dit : « Monsieur Lesueur, combien avez-vous bien déjà composé
de messes et d'oratorios ? — Sire, vingt-deux, répondit-
il. — Vous devez avoir barbouillé bien du papier, ré-
partit Napoléon ; c'est une dépense que vous avez ou-
bliée, je veux qu'elle soit à ma charge ; Monsieur Lesueur, je vous accorde 2.400 fr. de pension pour le
papier que vous avez si bien employé ; c'est pour le pa-

pier, entendez-vous, car pour un artiste de votre mérite le mot de gratification ne doit pas être prononcé. »

Les devoirs absorbants de sa charge n'empêchaient pas Lesueur de s'occuper de musique pour le théâtre. En 1807, il donna, en collaboration avec Persuis, un divertissement en un acte : *l'Inauguration du temple de la Victoire,* écrit sur le poème de Baour-Lormian. La même année, le 23 octobre, fut joué *le Triomphe de Trajan,* par Lesueur et Persuis, paroles d'Esménard. Ce dernier avait mis en scène le trait suivant : En 1806, lorsque l'Empereur, après la bataille d'Iéna, entra dans la capitale de la Prusse, le prince François-Louis de Hatzfeld feignit de se rallier à sa cause et fut chargé par lui du gouvernement de Berlin. Mais on apprit bientôt qu'il correspondait avec l'armée prussienne. Une lettre dans laquelle il rendait compte à Blücher des forces de l'armée française ayant été interceptée, il fut arrêté comme espion et enfermé au château par Rapp, Caulaincourt et Savary, en attendant le jugement qui devait l'envoyer à la mort. Aussitôt, sa femme se rend au château, obtient audience et se jette aux pieds de Napoléon pour implorer sa clémence ; celui-ci lui remét la lettre accusatrice en disant: « Reconnaissez-vous cette écriture ? » La malheureuse princesse, éperdue, atterrée, ne savait que répondre : « Eh bien ! Madame, lui dit Napoléon, jetez au feu cette pièce ; la commission militaire, n'ayant plus de preuve contre votre mari, ne pourra le condamner. »

Le succès de cette pièce fut très grand et la première représentation donna une recette de 10.377 fr. 45.

Le 17 mars 1809, parut *la Mort d'Adam et son apothéose.* Malgré une puissante cabale, cette pièce réussit ; mais les ennemis du compositeur ne manquèrent pas de dire que le succès de *la Mort d'Adam* était dû à la richesse des décors et à la beauté du *ciel* que le peintre Degotté avait composé pour l'apothéose finale. Mais Lesueur, en possession, à cette époque, de la faveur populaire, se souciait fort peu des traits plus ou moins acérés que pouvaient lui décocher ses envieux : la fortune lui souriait maintenant et voulait lui faire oublier ses premières et nombreuses injustices.

Aux opéras que nous avons signalés il convient d'ajouter *Tyrtée*, *Artaxercès* et surtout *Alexandre à Babylone*, reçu en 1823 à l'Académie royale de musique, mais qui ne fut jamais représenté. On doit le regretter, car les morceaux que l'on en connaît, entre autres un chœur des Mages, sont empreints d'une splendeur tout orientale. Ce fut un des derniers chagrins de Lesueur de descendre dans la tombe sans avoir vu représenter son *Alexandre à Babylone*.

Dans la situation élevée qu'il occupait, Lesueur fut comblé d'honneurs, de cordons et de croix. Membre du Jury musical de l'Opéra et de l'Opéra-Comique, de 1806 à 1824 ; membre, en 1813, de la quatrième classe de l'Institut en remplacement de Grétry ; surintendant et compositeur de la musique du roi de 1814 à 1830 ; professeur de composition au Conservatoire depuis 1817 ; correspondant ou associé d'un grand nombre de sociétés françaises et étrangères, il avait obtenu toutes les distinctions que peut envier un artiste, lorsqu'il mourut à Paris, le 6 octobre 1837, à l'âge de 77 ans. Il était marié depuis 1806 à M¹¹ᵉ Adeline Jamart de Courchamps.

Ses obsèques eurent lieu à l'église Saint-Roch et, le 10 août 1852, une statue du célèbre compositeur, œuvre de l'habile sculpteur Rochet, fut érigée sur la place Saint-Pierre, à Abbeville, ville voisine du lieu de sa naissance.

Voici le jugement porté sur Lesueur par Fétin, le fin

critique musical : « Il ne faut pas essayer de faire l'analyse des œuvres de ce compositeur en séparant ses défauts de ses qualités ; les uns et les autres composent la physionomie de son talent. Sa modulation était souvent étrange, quoiqu'il n'y employât guère que des accords consonnants, parce qu'il aimait à mettre en contact des tons qui n'avaient entre eux aucun rapport d'analogie, persuadé qu'il était de faire revivre ainsi les formes de la musique antique. Au lieu d'étudier celle-ci dans le peu de monuments historiques parvenus jusqu'à nous, il l'avait refaite d'après un système qui n'avait de base que dans son cerveau, ce qui n'empêchait pas qu'il eût une foi robuste dans cette musique antique, fruit de son imagination, comme s'il l'eût reçue toute faite des mains des premiers habitants du monde. Sa partition de *la Mort d'Adam* est, à cet égard, un monument unique dans l'histoire de l'art. Chaque page est surchargée de notes écrites tantôt en français, tantôt en italien, où il offre ses propres idées comme des chants des patriarches. Il y parle incessamment de la nécessité de mettre dans l'exécution la simplicité des accents des premiers hommes de l'Orient et il en indique les diverses nuances avec autant de confiance que s'il eût réellement entendu ces mélodies de l'antiquité la plus reculée avec les traditions certaines sur la manière de les rendre. Et remarquez que, selon toute apparence, la vérité est précisément dans le contraire de ce qu'a imaginé Lesueur ; car tout ce qui nous est venu de renseignements sur la plus ancienne musique de l'Inde et de l'Arabie démontre qu'au lieu d'être simples les chants orientaux qui remontent à plusieurs milliers d'années étaient surchargés d'ornements. Lesueur s'est occupé toute sa vie de l'histoire de la musique, mais il faisait à son gré au lieu de l'étudier. »

BERTON.

LES BERTON

Le nom de Berton est célèbre dans les annales de la musique et du théâtre ; il a été porté par cinq générations d'artistes de valeur dont nous allons faire connaître la vie et les travaux.

1° BERTON (Pierre-Montan) a vu le jour à Maubert-Fontaine (Ardennes), le 7 janvier 1727, de Pierre Berton et de Poncette Macquart. C'est à tort qu'on a toujours considéré Berton comme étant né à Paris. Son acte de naissance est à l'état civil de Maubert-Fontaine. Il y a laissé quelques souvenirs et nous avons pu lire un acte par lequel, lorsqu'il était maître de chapelle à Beauvais, il vend une propriété sise dans son village natal. Dès sa plus tendre jeunesse il montra des dispositions exceptionnelles pour la musique et ses parents s'inquiétèrent avec raison de cette remarquable précocité. A six ans, le jeune Montan lisait la musique à livre ouvert et pouvait déchiffrer à première vue les morceaux les plus difficiles. A douze ans, il était organiste à la cathédrale de Senlis, et à cet âge, où les autres enfants cherchent à peine leur voie, il était en pleine possession d'un talent remarquable et composait des motets et des oratorios qui charmaient les auditeurs. De Senlis il passa à Beauvais, comme maître de chapelle. Désireux de se faire connaître, il vend ce qu'il possède à Maubert-Fontaine, se rend à Paris, et chante la basse-taille à la maîtrise de Notre-Dame ; puis il débute à l'Opéra, en

1744, mais sans succès. Rebuté par cet échec, il s'éloigne de Paris et vient à Marseille, en 1746 ; pendant deux ans il remplit les fonctions de seconde basse puis s'apercevant que sa voix baissait il eut l'esprit de comprendre que son organe vocal était moins solide que son talent. Il abandonna le chant pour le bâton de chef d'orchestre.

Il quitta Marseille pour aller se fixer à Bordeaux, où il remplit les multiples fonctions de chef d'orchestre au grand théâtre, d'organiste dans deux églises et de directeur de concert. Malgré ses nombreuses occupations, il trouva néanmoins le temps de composer et de faire exécuter des airs de ballets qui eurent du succès.

La mort de Boyer, ayant laissé vacant l'emploi de chef d'orchestre de l'Académie royale de musique de Paris, Berton concourut et réussit (1755). Il conserva ces fonctions pendant douze ans.

Louis XV, admirateur de son talent, pour le remercier d'avoir dirigé toutes les représentations solennelles données à Versailles, le nomma violoncelliste de sa chambre, et surintendant de la musique de la Cour.

La réputation de Berton était alors à son apogée et, en 1767, il partagea avec Trial le périlleux honneur de diriger l'Académie royale de musique. Nommé, en 1774, administrateur de l'Opéra, Berton se lia avec Gluck et Piccini, deux grands artistes ennemis qu'il essaya de réconcilier ; mais sans succès. Il eut cependant la gloire de seconder la grande révolution de musique dramatique, accomplie en France par ces deux illustres compositeurs étrangers.

Les nombreuses occupations de Berton altérèrent sa santé et il fut atteint d'une bronchite persistante. Il n'était pas suffisamment guéri lorsqu'il voulut diriger la reprise de *Castor et Pollux*, de Rameau, le

7 mai 1780. La maladie s'aggrava et se changea en une fluxion de poitrine. Il mourut au bout de sept jours, le 14 mai 1780. Par brevet du bureau de la ville de Paris, en date du 22 juillet 1780, une pension de 3.000 fr. était accordée à la veuve de Berton et une seconde de 1.500 fr. à son fils.

Berton possédait, à un suprême degré, toutes les qualités d'un chef d'orchestre émérite et sans être un compositeur distingué, il avait des qualités innées que Gluck appréciait beaucoup : il avait surtout l'amour du beau, le culte de l'idéal, l'horreur du vulgaire. S'il n'a pas laissé des chefs-d'œuvre de composition, il a su donner à certains opéras des arrangements et des additions qui les ont aidés à passer à la postérité. On cite comme exemples plusieurs airs ajoutés au *Castor et Pollux* de Rameau, et le fameux morceau appelé *la Chacone de Berton*, qu'il a joint au *Dardanus* du même auteur. « Telle était la confiance de Gluck dans les talents de Berton, qu'il lui laissa le soin de composer tous les airs des divertissements de son opéra *Cythère assiégée*, et de refaire le dénouement de son *Iphigénie en Aulide*, tel qu'on l'a toujours exécuté depuis. » (MICHAUD, *Biographie universelle*.)

Berton a cependant composé seul :

1° *Deucalion et Pyrrha*; 2° *Érosine*; 3° *Sylvie*; 4° *Théonis*; 5° *Adèle de Ponthieu*. Les qualités que renferment ces cinq ouvrages ont fait regretter que la jalousie et l'envie n'aient pas permis à Berton de déployer tout son talent de compositeur dans des œuvres de longue haleine.

2° BERTON (Henri-Montan), fils de Pierre, est né à Paris, le 17 septembre 1766. Il hérita de aptitudes paternelles et commença à six ans des études musicales qui firent de lui un compositeur distingué et lui ouvrirent les portes de l'Institut.

Lorsque son père mourut, il n'avait que treize ans, mais il fut admis comme violon surnuméraire à l'Opéra et l'année suivante, c'est-à-dire à quatorze ans, il devenait violon titulaire. Rey, le premier maître qui lui enseigna la composition, le négligea : il méconnut les brillantes dispositions de son élève qui se mit à étudier seul dans *la Frascatana* de Paisiello. Heureusement pour Berton qu'il rencontra un nouveau professeur, Sacchini, qui devait exercer sur lui une si grande influence.

Pendant qu'il travaillait sous la direction de son nouveau maître, Berton composa son premier opéra, *la Dame invisible*, qui fut très bien accueilli. Sacchini ravi engagea son élève à venir travailler chez lui. A partir de ce moment, le nouveau compositeur fit des progrès rapides et établit solidement sa réputation par un opéra qui eut un succès considérable à Paris et en province : *les Rigueurs du Cloître* (1790).

En 1795, Berton fut appelé, comme professeur, d'harmonie, au Conservatoire de musique, et en 1799, il fit jouer sur la scène de l'Opéra-Comique *Montano et Stéphanie*, son chef-d'œuvre, dont la première représentation eut un succès immense, qui plaça l'auteur parmi les premiers compositeurs français.

« Berton habitait une mansarde ornée du plus simple mobilier, lorsque se présenta chez lui un parolier, célèbre alors, déjà son collaborateur dans *le Nouveau d'Assas*. C'était le poète Déjaure. Il apportait à Berton le libretto de *Montano et Stéphanie*, reçu au théâtre Favart et qu'il avait présenté d'abord à Grétry ; mais celui-ci ne voulait plus composer et lui avait répondu : « Il vous faut un musicien qui soit encore dans l'âge

des passions, et qui, néanmoins, ait déjà fait ses preuves
au théâtre. Celui qui réunit toutes ces conditions, c'est
le petit *Berton*. Croyez-moi, choisissez-le, et il vous
rendra un chef-d'œuvre. » Cette prédiction se réalisa:
Berton s'éprit pour le sujet qu'il avait à traiter, et sa
partition fut achevée en un mois. » (Édouard MONNAIS.)

Berton raconte lui-même en ces termes la façon assez originale dont il composa l'opéra qui devait immor-
taliser son nom : « J'avais cinq rôles principaux à faire
agir et parler. Je fis donc choix de cinq gros bouchons :
à la gauche du spectateur, le premier était Stéphanie,
le deuxième Léonati, le troisième Salvator, le quatrième Montano et le cinquième Altamont. Les petits bouchons placés derrière représentaient les officiers et les
gens de leur suite : cette statistique exacte du tableau
que je désirais que la scène offrît me fut d'un grand
secours; car, en faisant avancer ou reculer à mon gré
l'un de ces personnages, lorsque l'un deux me paraissait avoir trop tardé à parler, je m'identifiais plus
directement avec l'intérêt et le pathétique éminent de
cette belle situation dramatique. »

En 1807, Berton prit la direction de l'Opéra italien,
et en 1809 il devint chef du chant à l'Opéra. Créé chevalier de la Légion d'honneur en 1815, il vit les portes
de l'Institut s'ouvrir devant lui. Il fut en même temps
décoré de plusieurs ordres étrangers.

Lorsque, en 1838, le Conservatoire fut réorganisé
sous le nom d'*Académie royale de musique et de déclamation*, Berton fit partie de la nouvelle Académie
comme professeur de composition et comme membre
du jury d'examen. Cette même année, il est promu au
grade d'officier de la Légion d'honneur.

Berton a formé de nombreux élèves qui tous bril-
lèrent dans l'art. Il mourut à Paris le 22 avril 1844.

Ce compositeur de talent nous a laissé de nombreux ouvrages. Outre ceux que nous avons déjà indiqués, il convient de citer parmi trente autres :

Les deux Étincelles.
Les deux Sous-Lieutenants.
Viala, ou *le Héros de la Durance.*
L'Enfant prodigue
L'Enlèvement des Sabines
Françoise de Foix.
Blanche de Provence.
Les deux Mousquetaires, ou *la Robe de chambre.*
Système général d'harmonie.
De la musique mécanique et de la musique philoso-phique.

Voici comment R. Bonheur caractérise le talent de Berton : « Si Berton ne s'éleva jamais dans les hautes régions de la poésie lyrique, il eut au suprême degré le sentiment dramatique, sachant faire intervenir à propos dans l'action son orchestre coloré et expressif. »

3° Berton (François-Henri), fils de Henri et de Mlle Maillard, artiste de l'Opéra, naquit à Paris le 3 mai 1784. Élève de son père, il fit de rapides progrès dans l'art musical et dans la composition. Il entra à 12 ans au Conservatoire, et à 20 ans il était professeur de chant. Il se fit bientôt connaître par de charmantes romances, parmi lesquelles nous citerons *la Barque*, *Feuille morte.* Il eut le tort de débuter sur les grandes scènes alors que son talent n'était pas suffisamment mûri par l'expérience : plusieurs de ses pièces n'eurent qu'un succès éphémère.

Pianiste distingué, il fut nommé, en 1821, professeur de vocalisation au Conservatoire, mais il fut révoqué en 1827.

Plusieurs opéras, *Ninette à la Cour, les Caquets, Jeune et Vieille*, et surtout *le Château d'Urtuby*, qui ne fut joué qu'après la mort de l'auteur, le 14 janvier 1834, renferment de gracieux passages qui font déplorer la fin prématurée de Berton, enlevé le 15 juillet 1832, par une attaque de choléra-morbus.

4° MONTAN (Charles-François), dit Berton, fils de François et arrière-petit-fils de Pierre, est né à Paris le 16 septembre 1820. Il entra fort jeune au Conservatoire, mais il suivit les cours de déclamation et préféra la carrière théâtrale où il s'est fait un nom honorable. Il est mort atteint d'aliénation mentale, le 18 janvier 1874, à Paris.

5° MONTAN (Pierre-François-Samuel), dit Berton, fils du précédent et de Caroline Samson, est né à Paris en 1842. Il suivit aussi la carrière dramatique et joua successivement au Gymnase, à l'Odéon, à la Comédie-Française et au Vaudeville, où il est encore aujourd'hui.

CATEL

CATEL (Charles-François) est né à Laigle (Orne) en
juin 1773.

Jeune encore, il vint à Paris pour étudier la musique. Recommandé à Sacchini, il sut lui plaire, et par
son entremise, il fut admis à suivre les cours de l'École
royale de chant et de déclamation, où Gobert et Gossec
devinrent ses professeurs, le premier pour le piano,
le second pour l'harmonie et la composition. Il fit des
progrès tellement rapides qu'en 1787 il fut nommé
accompagnateur et professeur-adjoint, dans l'école
même où il était élève. Trois ans après, il était appelé
aux fonctions d'accompagnateur de l'Opéra ; il y resta
jusqu'en 1802.

Au moment où Catel débutait dans la carrière artistique, Sarrette, son ami intime, qui plus tard fonda le
Conservatoire, venait de recevoir la mission d'orga-
niser des corps de musique pour la garde nationale : Il
s'adjoignit Gossec et Catel comme professeurs.

Pour remplir les obligations de sa charge, Catel
écrivit un grand nombre de marches et de pas redoublés qui furent adoptés par les régiments français et
qui les conduisirent souvent à la victoire pendant les
guerres de la Révolution.

Les principales compositions de Catel en ce genre
sont :

Hymne à l'Égalité, chantée le 19 juin 1791.

Hymne sur la reprise de Toulon, chantée le 10 nivôse an II.

Hymne à l'Être suprême.

Ode sur le vaisseau « le Vengeur ».

Hymne à la Victoire, chantée dans un concert populaire aux Tuileries.

Le 11 messidor an II (19 juin 1794), après la bataille de Fleurus.

Ode sur la situation de la République.

Chant du banquet républicain pour la fête de la Victoire.

Fête de la souveraineté du peuple.

Anniversaire du 10 août.

Catel aborda les œuvres de plus longue haleine par un *De profundis*, avec chœurs et orchestre, qui fut exécuté aux funérailles de Gouvion, major général de la garde nationale, et mit en relief les vieilles qualités de l'auteur pour la grande composition.

Nous avons dit plus haut que Sarrette fonda le Conservatoire : il appela près de lui Catel pour le seconder et lui confia l'enseignement de l'harmonie (1795). On reconnut bientôt la nécessité de poser des bases d'un enseignement uniforme : tous les professeurs se réunirent en conseil et on décida de rédiger des ouvrages élémentaires pour les diverses branches de l'art musical. Chaque professeur reçut, selon sa spécialité, la mission de composer un ouvrage conforme aux règles posées en commun. C'est alors que Catel écrivit son *Traité d'harmonie*, paru en 1802. Pendant plus de vingt ans, cet ouvrage fut universellement adopté pour l'enseignement musical en France et servit à former toute une génération de musiciens. On a voulu voir dans le *Traité* de Catel une réfutation du système de la basse fondamentale de Rameau, tandis qu'il n'en est qu'une simplification heureuse, tenant compte des progrès accomplis depuis un demi-siècle dans la science de l'harmonie.

Malgré sa valeur incontestable, et sans doute aussi à cause de sa valeur, l'ouvrage de Catel fut accueilli par des clameurs. Des professeurs et des auteurs routiniers, qui voyaient leur enseignement et leur méthode battus victorieusement en brèche par le nouveau *Traité d'harmonie*, fomentèrent des cabales et écrivirent des pamphlets injurieux contre Catel. Ces haines nombreuses, ces attaques virulentes n'arrêtèrent pas le succès du *Traité ;* mais lorsque le compositeur voulut mettre à la scène son opéra de *Sémiramis*, la jalousie déchaîna un orage formidable et la partition tomba à plat, malgré les réelles beautés qu'elle renfermait.

Cet échec immérité découragea Catel qui garda le silence pendant cinq ans. C'est seulement en 1807, qu'il reparut avec *l'Auberge de Bagnères* et obtint un succès complet. Puis vinrent *Alexandre chez Apelle* et *les Bayadères*, qui furent favorablement accueillis.

De 1795 à 1810, on n'avait créé que trois places d'inspecteurs du Conservatoire ; les titulaires de ces hautes fonctions étaient Gossec, Méhul et Chérubini. En 1810, on ajouta une quatrième place d'inspecteur, et c'est Catel qui en fut investi.

La Restauration révoqua Sarrette de ses fonctions de Directeur du Conservatoire ; Catel suivit son ami : il donna sa démission, témoignant ainsi de sentiments de fidélité qui ne se sont jamais démentis.

Catel pensait qu'en raison de cet acte et aussi à cause des nombreux chants révolutionnaires qu'il avait composés, le nouveau régime allait lui tenir rigueur. Il se trompait. En 1815, il fut nommé membre de l'Ins-

titut et en 1824, il reçut la croix de chevalier de la Légion d'honneur ; il est vrai qu'il la doit à l'amitié de
Boïeldieu, son compatriote normand. On raconte que
Catel disait en plaisantant à son généreux ami : « Vous
m'avez rendu là un mauvais service : on ne saura plus
comment me reconnaître à l'Institut. J'étais le seul non
décoré, et, quand on voulait me désigner à quelqu'un
qui ne me connaissait pas, on lui disait : « Tenez,
M. Catel, c'est ce Monsieur là-bas qui n'a pas la croix
d'honneur. Maintenant, je serai perdu dans la foule. »
— « Eh bien, répondit Boïeldieu avec une charmante
urbanité, portez-la par amitié pour moi. Je n'osais
plus sortir avec vous ; j'étais trop humilié lorsqu'on
nous rencontrait ensemble, et qu'on voyait qu'un
homme d'un si grand mérite ne portait pas la croix
que j'avais moi-même. »

Catel écrivit encore, *les Aubergistes de qualité*, *le
Premier en date*, *le Siège de Mézières*, *Wallace* ou *le
Ménestrel écossais*, production vraiment remarquable,
le chef-d'œuvre de l'auteur; *Zirphile* ou *Fleur de Myrte*
et *l'Officier enlevé*. Tous ces opéras, dont plusieurs
sont des compositions de grande valeur, furent accueillis avec froideur. Les partisans des anciennes
méthodes, irrités du succès sans cesse grandissant des
ouvrages didactiques de Catel, se liguèrent contre ses
productions théâtrales et s'entendirent pour les faire
tomber.

Découragé, Catel se réfugia dans la retraite et vécut
dans une maison de campagne à peu de distance de
Paris. Il avait conscience de sa supériorité, mais il ne
pouvait lutter seul contre toutes les colères qu'il avait
soulevées. Les jeunes gens qui avaient besoin de conseils ne frappèrent jamais en vain à sa porte, et bien
qu'il gardât au cœur l'amer souvenir de ses insuccès,

il fut toujours, pour ceux qui eurent recours à ses
lumières, un guide bienveillant et éclairé.

Il mourut dans sa maison de campagne, le 29 novembre 1830. Aujourd'hui, Catel est peu connu comme
compositeur : c'est un tort. Les haines qui, de son
vivant, accueillirent ses opéras, n'ont plus leur raison
d'être, et la postérité doit réparer les injustices de ses
contemporains. Ceux qui tenteraient de tirer de l'oubli
ce mérite méconnu seraient du reste en bonne compagnie, car Méhul, Chérubini, Boïeldieu, les illustres
contemporains de Catel, avaient une haute estime pour
son talent.

BOÏELDIEU.

BOÏELDIEU

Boïeldieu (François-Adrien), l'un des plus illustres musiciens dont la France s'honore, naquit le 15 décembre 1775, à Rouen, la patrie des poètes Corneille et du peintre Jouvenet. Sa famille appartenait à la bonne bourgeoisie : son père était secrétaire de l'archevêché, et sa mère tenait un magasin de modes très bien achalandé et fréquenté par l'élite de la société rouennaise.

Dès son enfance, le jeune Boïeldieu (le petit Boïel, comme on l'appelait familièrement) montra une vocation bien décidée pour la musique, et, fait assez rare dans la vie des grands artistes pour être remarqué, ses parents ne contrarièrent point son penchant.

Employé de l'archevêché, lié par ses occupations et par les relations que lui procurait un de ses frères, qui était prêtre, à tous les dignitaires de l'Église, le père Boïeldieu, dans une perspective que comprendront facilement les papas, voyait peut-être son petit Boïel trônant dans les orgues de la cathédrale.

L'emploi d'organiste était alors tenu par un certain Broche, qui était un musicien de talent, mais aussi malheureusement un des plus ivrognes que possédât alors la ville de Rouen et même la Normandie. Sous prétexte que Mme Boïeldieu ne recevait que des gens du bel air, et pour refaire sa réputation sans cesse ébréchée par de nouvelles libations, le sieur Broche avait pris depuis longtemps l'habitude de venir dire un petit bonjour à la mère du petit Boïel et faire un bout de causette avec les clients qui fréquentaient le magasin.

Broche, qui entendait souvent le petit Adrien fredonner avec beaucoup de goût les airs nouveaux des opéras de Grétry et de Monsigny, devina dans ce jeune enfant le futur compositeur. Il demanda aux parents de lui confier leur fils en leur promettant d'en faire un bon musicien. Broche était aussi brutal que buveur, et cette triste réputation éveilla les craintes maternelles de Mme Boïeldieu qui répondit : « Vous êtes trop brusque, Monsieur Broche, vous maltraiteriez le pauvre Adrien. D'ailleurs, rien ne presse, il n'a encore que six ans.»

L'organiste ne se tint pas pour battu ; il revint à la charge et fit tant de promesses que son jeune protégé fut admis au nombre des enfants de chœur, ce qui lui permit de recevoir les premières leçons de l'organiste.

Au bout de six mois, Broche demanda une entrevue au père et à la mère du petit enfant de chœur et il leur tint ce discours dont il avait longuement pesé les termes : « Mon cher Monsieur Boïeldieu, vous savez que je porte le plus vif intérêt à votre fils... Vous êtes son père selon la chair, je veux acquérir sur lui les droits d'une paternité musicale : oui, Boïel sera mon fils dans l'art. Rouen a donné le jour à Pierre Corneille et à plusieurs autres grands hommes ; il manque à sa gloire un compositeur : c'est moi qui veux le lui donner. Consentez-vous à me confier Boïel ? » Broche attendait l'effet produit par son éloquence, lorsque la mère, qui n'était pas sans inquiétude sur le sort de son fils, lui dit pour motiver son refus qu'il faisait payer trop cher ses leçons et que leur position de fortune ne leur per-

mettait pas de s'imposer d'aussi lourds sacrifices. A
quoi Broche de répondre : « Aux riches, aux ignorants,
aux sots qui apprennent la musique et la danse, je fais
payer cher mes leçons. Mais Boïel sera mon élève
sans que vous ayez à dépenser un liard. Il me payera
plus tard en disant aux admirateurs de ses ouvrages :
« Broche fut mon premier maître. »

Il n'y avait plus rien à répondre et il fut décidé que
le petit Boïel deviendrait pensionnaire et élève de
Broche. Dès le premier jour le brutal lui déclara que
les moindres fautes seraient rigoureusement punies. Il
ne tint que trop parole. Il serait impossible de dire
tout ce que le pauvre enfant, d'une nature délicate et
timide, eut à souffrir dans cet enfer. Rudoyé, frappé
pour les moindres peccadilles, le pauvre petit ne trouvait de refuge que dans la protection et les consola-
tions d'une vieille servante qui prenait chaleureusement son parti contre le butor qui le maltraitait sans
rime ni raison, suivant les caprices de sa fantasque et
perpétuelle ivresse, et le contraignait parfois à remplir
l'office de valet de chambre.

Boïel était dans des transes perpétuelles, il tremblait
devant son maître, et n'osait se plaindre à ses parents
qui étaient émerveillés de ses progrès. A sept ans, en
effet, Adrien touchait le clavecin avec une réelle supériorité, et à neuf ans il improvisait sur l'orgue. A douze
ans, il composait déjà des airs et des motifs d'ensemble
d'une réelle valeur. Pendant sept ans il travailla sous
la direction de Broche, faisant des progrès tellement
rapides que ses parents ne voulaient pas le croire quand
il leur racontait les brutalités de son professeur à son
égard.

Un jour, il avait alors quatorze ans, pendant que
Broche était allé faire visite au café voisin, il eut le

malheur de renverser un encrier sur le clavecin de son maître. — « Je suis perdu, s'écria-t-il, M. Broche va me tuer, c'est sûr. » Tremblant de frayeur à la pensée de voir rentrer son bourreau, il mit à exécution un projet qu'il caressait depuis quelque temps : il s'enfuit sans être vu, arriva bientôt hors de la ville et prit la route de Paris de toute la vitesse de ses petites jambes. Il avait eu soin d'emporter ses petites économies qui s'élevaient à la modeste somme de 18 fr. C'était bien peu pour vivre à Paris.

Il cheminait vivement, tournant souvent la tête pour voir si on le poursuivait, heureux de se sentir libre et triste à la pensée de s'éloigner de ses parents et de sa ville natale. Tant que le jour dura tout alla bien; mais lorsque la nuit commença à descendre, que les ténèbres l'environnèrent de toutes parts, le pauvre fugitif, las, affamé, effrayé, se demandait avec inquiétude ce qu'il allait devenir. Autour de lui, rien que l'obscurité la plus complète et le silence de la nature endormie.

« Il marcha ainsi tant qu'il put marcher. Mais à quatorze ans, si l'esprit va vite le corps est bientôt fatigué. L'enfant, à son premier pas, croit toucher à l'avenir; à son premier geste il croit toucher le ciel!... Mais la nuit devient plus froide, les étoiles pâlissent, le chemin s'allonge, la tête s'appesantit, la rosée tombe sur ses cheveux flottants et en déroule les longs anneaux : il est temps de dormir, et l'enfant est tout seul, et pas une maison sur la route. A la fin, il en trouve une; c'était non loin du Pont-de-l'Arche, une petite maison cachée dans la terre, sur la clairière d'un bois, roulante demeure d'un berger. La maison était placée au milieu d'un troupeau de moutons. Les chiens veillaient, le berger dormait, les brebis dormaient.

L'enfant s'approche : il appelle ; les chiens répondent,
le vieux berger sort de sa cabane ; les moutons ouvrent
leurs rangs ; en voilà un de plus qui entre dans la ber-
gerie ! et bientôt il s'endormit, tout frêle et tout petit
qu'il était, à la place du vieux berger. Comme il n'y
avait qu'un seul lit, le vieux berger se coucha à côté de
ses chiens et s'endormit protégé par son étoile, la belle
étoile du berger ! Il était midi quand l'enfant se réveilla.
Il eut faim, le berger lui donna du pain et du lait. Puis
ils se dirent adieu et s'embrassèrent, et les moutons le
regardèrent partir pour Paris avec la pitié d'un enfant
qui voit partir un agneau pour la boucherie, et les
chiens qui l'aimaient déjà l'accompagnèrent jusqu'à la
frontière de leur domaine, et le vieux berger lui dit
adieu de loin, et lui, pauvre enfant dont le raisonne-
ment n'était pas formé par la vie réelle, se disait à lui-
même : « Puisque les moutons et les chiens me reçoivent
si bien, comment me recevront les hommes ? Et comment serai-je reçu des grands et des rois, puisque je
suis reçu ainsi par des bergers ? » (Jules JANIN.)

Le pauvre enfant continua sa route et arriva enfin à
Paris, harassé de fatigue. Quel désenchantement après
un séjour de quarante-huit heures dans la capitale ! Il
eut faim et ne trouva pas à donner de leçons pour vivre.
Un moment, découragé, il eut la pensée d'en finir avec
la vie et de se jeter dans la Seine.

Laissons notre fugitif à ses sombres réflexions et
retournons à Rouen. Grande avait été l'inquiétude de
ses parents en ne voyant pas le soir le jeune Boïel revenir à l'heure accoutumée. Toute la nuit se passa en
vaines recherches. Le lendemain matin seulement on
apprit que l'on avait vu un jeune voyageur se dirigeant
sur Paris. Des émissaires furent envoyés dans toutes les
directions et le jeune Adrien dut son salut à un heureux

hasard qui lui fit rencontrer un de ceux qui le cherchaient au moment où il se disposait à mettre à exécution son fatal projet de suicide.

Le quatrième jour après sa fuite, l'enfant prodigue rentrait sous le toit paternel. Le père Boïeldieu fit subir à son fils un interrogatoire et acquit la conviction que Broche brutalisait son élève. L'organiste, inquiet, étant venu prendre des nouvelles du fugitif, fut très mal reçu. En le voyant entrer, le petit Boïel, saisi de terreur, alla se blottir derrière sa mère. Le père s'adressant à Broche lui dit : Maître Broche, je viens d'apprendre que vous maltraitez mon fils, que vous en faites votre domestique ; il n'ira plus chez vous. — Je sais que je suis un peu brusque ; je conviens que j'ai eu quelques torts. » Puis apercevant le petit Adrien il lui dit : « Viens m'embrasser, et ne parlons plus de ton escapade. » L'enfant refusa d'obtempérer à son désir.

Comme l'organiste tenait à sa réputation et comptait beaucoup sur les rares aptitudes de son élève pour l'accroître, il promit tout ce qu'on voulut. Il jura qu'il ne maltraiteraitplus le petit Boïel. Ce dernier, cédant aux instances de sa mère, suivit Broche qui tint parole et se montra moins sévère désormais.

Boïeldieu reprit ses études interrompues, et alors commença à naître en lui l'amour du théâtre. Son père, qui le destinait à la direction d'une maîtrise, fut alarmé de ce penchant naissant, mais ne put l'enrayer.

C'est à peu près vers cette époque que se passa un fait qui montre combien était grand l'amour de Boïeldieu pour la musique. Un jour qu'il n'avait pas d'argent pour aller au théâtre il se glissa dans la salle dès le matin pendant que les garçons remettaient tout en ordre . il se blottit sous une banquette dans une loge et attendit l'heure du spectacle. Ce manège lui réussit plu-

sieurs fois, mais un jour il fut découvert par le machi-
niste qui lui frotta rudement les oreilles et le conduisit
comme un petit voleur dans le cabinet du directeur. Il
eut beau protester et dire qu'il n'était pas un voleur, on
allait le conduire en prison lorsque Broche entra. Tout
fut expliqué et le directeur, apprenant que ce jeune
homme passait une journée entière sans manger et
sans boire pour entendre une bonne musique, lui dit :
« Mon cher, quand vous n'aurez pas d'argent pour aller
au théâtre, vous viendrez me trouver ; je vous donnerai
des billets. Tenez, en voici un pour ce soir. » Boïeldieu
remercia le directeur en manifestant toute sa joie.

Sur ces entrefaites, l'emploi de secrétaire de l'archevêché fut supprimé et le père Boïeldieu employa ses
loisirs forcés à composer pour son fils un libretto : *la
Fille coupable*. Le jeune compositeur adapta aux paroles
de son père une musique charmante, et le 2 novembre
1793 la pièce était jouée au théâtre des Arts, de Rouen.
Elle fut chaleureusement applaudie. Broche se montra
très empressé à féliciter son élève et lui donna le conseil
de se rendre à Paris pour se produire sur une plus
grande scène. Boïeldieu ne se le fit pas dire deux fois.
Mais comme il n'était pas riche et que les places en
diligence coûtaient cher, il fit la route à pied pour la
seconde fois. Le soir du lendemain il arrivait à Paris,
crotté comme un barbet, ayant dépensé 12 francs sur
les 30 qu'il possédait à son départ.

Sans perdre de temps, il se présente au secrétaire
de l'Opéra-Comique, avec sa partition de *la Fille coupable*. La pièce fut jugée trop faible pour être jouée.
Boïeldieu ne se découragea pas, mais comme il a depuis
longtemps épuisé les 18 fr. qui lui restaient, il donne
des leçons au cachet et se fait accordeur de pianos
pour gagner de quoi ne pas mourir de faim.

Par l'entremise d'une personne qui le protégeait, il eut la bonne fortune d'entrer chez Érhard, le célèbre facteur de pianos, qui occupait dans le monde musical un rang des plus élevés. C'est là qu'il fit connaissance d'un nommé Garat, le chanteur à la mode, qui, en costume d'incroyable, avait son entrée dans les salons les plus aristocratiques pour y faire entendre sa belle voix dans les chansons en vogue. Sur le conseil de Méhul, Garat prit Boïeldieu sous sa protection. Il lui demanda deux romances qu'il chanta dans le beau monde, et quinze jours plus tard les éditeurs se disputaient l'honneur d'imprimer les compositions de Boïeldieu. Les compositions de notre jeune Rouennais firent fureur et un éditeur lui payait 12 fr. chaque romance nouvelle. C'était peu, sans doute, mais c'était de quoi vivre en attendant mieux.

A la prière de Mme Érhard, un ami de la maison tira d'un roman, *la Dot de Suzette*, un livret d'opéra-comique qui fut confié à Boïeldieu. Il en fit un petit chef-d'œuvre qui reçut un accueil très flatteur, le 5 septembre 1795. Quelques amis, étant allés complimenter le compositeur, l'entendirent répéter à plusieurs reprises : « *Mes six sous ! mes six sous !* » Vivement intrigués, ses amis le questionnèrent pour avoir l'explication de l'énigme, la clef de l'exclamation qu'ils avaient entendue. Alors, non sans quelques hésitations, il leur raconta que dans sa jeunesse son père lui donnait quotidiennement six sous pour ses menus plaisirs; le plus souvent il les distribuait en aumônes. Un jour qu'il était encore en possession de la somme tout entière, un pauvre vieillard l'aborda en implorant sa charité. Touché de la figure et du dénuement de ce malheureux, il lui dit : « Tenez, voilà mes six sous, je n'ai que cela. » Le vieillard, attendri, l'accabla de bénédictions en lui

disant : « Mon petit ami, vous serez heureux; souvenez-
vous de moi. » — « Et voilà pourquoi, mes amis, vous
avez entendu l'exclamation que je prononçais au moment
où vous êtes arrivés près de moi. *La Dot de Suzette* a
réussi, c'est un beau jour pour moi : je n'ai pas pu
oublier la prédiction du pauvre mendiant de Rouen. »

Successivement Boieldieu donna *la Famille suisse*,
les deux Lettres, *Montbreuil et Merville*, et *Zoraïme et
Zulmar*. Cette dernière pièce, jouée à l'Opéra-Comique
le 12 mai 1790, eut un succès retentissant.

L'élève de Broche arrivait enfin à la célébrité : et
l'apparition du *Kalife de Bagdad*, le 16 septembre 1801,
porta au plus haut degré la réputation de l'auteur. Cet
opéra populaire, dont l'ouverture restera à jamais
célèbre, eut sept cents représentations non interrompues.

C'est alors que Boïeldieu, reconnaissant avec mo-
destie toute l'insuffisance de son instruction en composition, se mit sous la terrible férule de Chérubini. Il
resta deux ans dans la retraite et reparut avec la partition de *Tante Aurore*, si chère au souvenir de nos
pères.

A cette époque (1803), Boïeldieu se maria, mais sa
femme le rendit malheureux. Il résolut alors de quitter
la France et partit pour la Russie. Lorsqu'il eut franchi
la frontière de l'empire des czars, il reçut un message
de l'empereur Alexandre Ier qui le nommait son maître
de chapelle et directeur de la musique du Théâtre-
Français. Dès son arrivée à Saint-Pétersbourg, il signa
avec le directeur du théâtre impérial un traité par
lequel il s'engageait à donner trois opéras par an. Tout
le temps que dura son séjour en Russie, il tint ses enga-
gements et obtint de véritables succès avec *Aline*, *Télémaque*, *Voitures versées*, *la Jeune Femme*, *Rien de*

trop, Amour et Mystère, un Tour de la Soubrette, Abder-Khan, la Dame invisible. Malgré l'accueil enthousiaste qu'il reçut en Russie pendant les huit ans qu'il y resta, un jour vint où la nostalgie de la terre française le prit et il quitta Saint-Pétersbourg avant le terme fixé par le traité.

En rentrant à Paris, Boïeldieu constata, non sans quelque amertume, qu'on l'avait à peu près oublié. Mais il eut bientôt reconquis la faveur du public et réveillé les souvenirs d'antan par des opéras comme *Jean de Paris, le nouveau Seigneur du Village, la Fête du Village voisin,* et surtout *le petit Chaperon rouge.* On a dit de cette dernière pièce qu'elle avait été son discours de réception à l'Institut, où il venait d'être admis en remplacement de Méhul (1817). Boïeldieu avait travaillé deux ans *le petit Chaperon rouge,* mais il en fut récompensé par l'immense succès de cet opéra. La partition fut achetée 6.000 fr. par un éditeur.

En 1821, le savant musicien fut nommé compositeur de la maison de la duchesse de Berry, et reçut la croix de chevalier de la Légion d'honneur. Il refusa de porter cette décoration en public jusqu'à ce que par ses démarches il eût obtenu la même distinction pour son ami Catel qu'il croyait aussi digne que lui de la recevoir.

C'est vers cette époque (1822) que Boïeldieu ressentit les premières atteintes de la maladie qu'il avait contractée sous le rude climat de la Russie. Il se retira à Grosbois, près de Bordeaux, pour y vivre dans une retraite absolue. C'est de là qu'est sorti son immorte chef-d'œuvre, *la Dame Blanche.*

Nous laissons la parole à Adolphe Adam, son élève de prédilection, pour raconter l'événement qui hâta l'apparition de *la Dame Blanche.* « La répétition géné-

rale de *Fiorella*, opéra d'Auber, venait d'avoir lieu à
la satisfaction générale et la représentation était fixée
au surlendemain, lorsque, dans la nuit, Mme Pradher,
chargée du rôle principal, éprouva un accident qui
devait l'éloigner du théâtre pour plusieurs mois. Aucun
ouvrage n'était prêt. Guilbert de Pixérécourt, le directeur de l'Opéra-Comique, convoqua les sociétaires
consternés : « Une ressource nous reste encore, leur
dit-il, allons demander un opéra à Boïeldieu... » Un
morne silence accueillit ces paroles, dont le commencement avait fait naître quelque espérance. C'est que
chacun connaissait Boïeldieu, qui, avec une extrême
facilité, était devenu le plus long à produire. Dès qu'il
avait ses paroles, il composait et écrivait son morceau,
puis il le faisait entendre à sa famille, à ses élèves, à
ses amis, à ses connaissances, à ses visiteurs, à ses four-
nisseurs, à tous ceux enfin qu'il pouvait amener à son
piano ; s'il surprenait sur la figure d'un seul le moindre
signe de désapprobation : « Je savais bien, disait-il,
que les autres n'étaient que des flatteurs ; décidément
ce morceau ne vaut rien. » Et sur-le-champ son ouvrage
était mis au rebut pour être recommencé : cela se
renouvelait plusieurs fois et l'on était sûr que, lorsque
Boïeldieu terminait une partition, son panier avait
englouti la valeur de dix autres opéras. Comment espérer, avec de tels précédents, d'obtenir de Boïeldieu
cette *Dame Blanche* dont il s'occupait depuis un an à
peine ? « N'importe, dit Pixérécourt, il faut tenter
l'aventure ; rendons-nous en corps chez Boieldieu,
prouvons-lui que le salut de l'Opéra-Comique est entre
ses mains et peut-être consentira-t-il à nous sauver. »
La démarche est faite sur-le-champ, elle obtient un
plein succès. Mme Boïeldieu (Mlle Philis cadette, devenue
la seconde femme du célèbre maëstro) s'engage à reti-

rer à son mari chaque morceau dès qu'il sera terminé,
sans lui permettre d'en refaire une note ; un dédit est
signé, et trois semaines après, jour pour jour, on joue
la Dame Blanche. A la répétion générale, les sociétaires offrent une magnifique tabatière à Boïeldieu : on
lui fait jurer de donner dans un an *les Deux Nuits*,
opéra qu'il avait interrompu pour *la Dame Blanche*, et
dont près de deux actes étaient écrits : il prononce le
serment solennel et livre ses *Deux Nuits*..... trois ans
et demi après. » *La Dame Blanche* avait donc été terminée, apprise, répétée et jouée en vingt et un jours
(20 décembre 1825).

L'ouverture, restée populaire, de cet opéra célèbre,
avait été faite en une nuit. « Il faudrait, dit M. A.
Pougin, lire les journaux du temps pour se rendre
compte de la joie, du délire, du fanatisme que causa
cet ouvrage devenu si justement et si rapidement célèbre, et qui mit le comble à la réputation de Boïeldieu...
Le succès fut immense, formidable, unanime, et l'on
peut dire que non seulement Paris, non seulement
Rouen, mais d'un bout à l'autre de la France, à mesure
que l'ouvrage se produisait en province, ce fut un
enthousiasme impossible à décrire. »

« Après que le rideau fut tombé sur la première
représentation, après les cris, les trépignements d'une
salle en plein délire, l'orchestre de l'Opéra s'était porté
sous les fenêtres de la demeure du compositeur, et là,
escorté par les spectateurs auxquels était venu se
joindre tout le public attardé des boulevards, — la
maison du triomphateur était sur l'emplacement où se
trouve aujourd'hui le passage Jouffroy, — lui avait
donné une sérénade au milieu de cris sans fins. (Max
Libert.)

Le 25 février 1826, le célèbre maëstro revint dans

sa ville natale et y dirigea comme chef d'orchestre, au milieu d'un enthousiasme indescriptible, une représentation de *la Dame Blanche*. Le cœur du « Petit Boïel » dut tressaillir de joie et d'un orgueil légitime devant l'ovation qu'il reçut de ses compatriotes. La ville de Rouen fit frapper une médaille en l'honneur de son enfant.

Pour donner une idée de la vogue de *la Dame Blanche*, il nous suffira de dire qu'elle eut à Paris trois cents représentations consécutives, fortune très rare au théâtre, et qu'aujourd'hui elle approche le nombre vraiment extraordinaire de deux mille.

Boïeldieu éprouva alors une sorte de désenchantement : il s'aperçut que la gloire, comme la fortune, est inconstante. Son génie avait trop accoutumé le public à l'audition de véritables chefs-d'œuvre : il était donc obligé de ne fournir que des chefs-d'œuvre sous peine de perdre la grande popularité qu'il avait conquise. Boïeldieu ne put se soustraire à cette loi inéluctable, il lui arriva ce que les génies supérieurs ont tous éprouvé. Ses nouvelles productions, quoique remarquables, n'ayant pas atteint le niveau de *la Dame Blanche*, il se découragea devant la froideur du public. Avec sa nature vive et sensible, il s'exagéra les conséquences de l'insuccès des *Deux Nuits*. Il protesta contre le jugement du public, en dédiant son dernier opéra à ses compatriotes rouennais. Mais sa protestation ne put guérir son cœur blessé. Il était fort souffrant, son mal s'accrut, et une sérieuse maladie du larynx se déclara. A partir de ce moment, le malade ne fit plus que traîner une vie languissante. Il voyagea, séjourna à Pise, en Italie, et visita les villes du midi de la France à la recherche d'un climat réparateur. Peine inutile, le mal implacable ne lâchait pas sa proie. Un mieux sensible s'étant manifesté à Bordeaux, on se reprit à espérer. Mais cette lueur fut de courte durée. La maladie reprit le dessus. Sentant sa fin prochaine il se fit transporter à Grosbois où il voulait mourir. C'est là, en effet, qu'il rendit le dernier soupir, le 8 octobre 1834.

Sa mort fut un deuil public ; la France sentit tout ce qu'elle venait de perdre, toutes les voix s'unirent pour rendre hommage au charmant esprit qui venait de disparaître.

Nous emprunterons à M. A. Pougin l'excellent jugement qu'il a porté sur Boïeldieu : « Musicien distingué, fin, spirituel, Boïeldieu a donné à l'opéra comique une ampleur, une élégance inconnues avant lui. Dans ce genre aimable et souriant, on pourra faire aussi bien que lui et autrement, on ne fera jamais mieux. *Jean de Paris*, *le nouveau Seigneur*, *le petit Chaperon rouge*, *la Dame Blanche* sont là pour le prouver. Boïeldieu a eu, d'ailleurs, cette rare fortune d'être loué et honoré avec éclat par deux artistes de génie, qui ne se ressemblaient l'un l'autre que par l'admiration qu'ils professaient pour son beau talent ; je veux parler de Rossini, qui l'a toujours personnellement comblé d'éloges, et de Weber, qui, dans ses écrits sur la musique, a prouvé le grand cas qu'il faisait des œuvres de notre compatriote. On peut opposer l'opinion de ces deux grands hommes à celle de certains jeunes musicastres chez qui il est de mode aujourd'hui de railler la verve aimable, la veine mélodique et l'élégance exquise du musicien rouennais. Il est très facile de renvoyer ces aimables plaisantins à l'apologue de la Fontaine, *le Serpent et la Lime.* »

Boïeldieu fut inhumé au Père-Lachaise, entre Grétry et Dalayrac. On éleva dans le cimetière de Rouen un monument provisoire sous lequel on déposa le cœur du

célèbre maëstro. Sa ville natale lui a élevé une statue',
au bout de la promenade appelée alors la Petite-Pro-
vence et qu'on appelle depuis le *Cours Boïeldieu.*

L'illustre compositeur laissa un fils, BOÏELDIEU
(Adrien-Louis-Victor), né à Paris le 3 novembre 1816.
Il suivit la carrière artistique si brillamment parcourue
par son père. Sans atteindre à la hauteur où s'était
élevé l'auteur de *la Dame Blanche*, il a produit quelques
opéras qui ne sont pas dépourvus d'originalité.

HABENECK

Habeneck (Antoine-François) est né à Mézières le 22 janvier 1781. Son père, musicien de talent, attaché à la musique d'un régiment au service de la France, lui inculqua le goût musical et lui donna les premières leçons de violon. Le jeune Habeneck, admirablement doué, profita si bien des leçons paternelles qu'à l'âge de dix ans il se faisait applaudir dans des concerts en public, et parcourait seul quelques villes françaises des environs.

Le régiment de son père ayant été désigné pour Brest, Habeneck se fixa dans cette ville et se perfectionna dans la connaissance du violon, son instrument de prédilection. Sans maître, sans notions d'harmonie, il composa et exécuta des concertos et plusieurs petits opéras qui furent favorablement accueillis. Lorsque, à vingt ans, il sentit son talent suffisamment développé il se sentit à l'étroit dans une ville de province et ne rêva plus qu'aux moyens d'aller à Paris. Ses parents étaient pauvres et ne survenaient qu'avec peine aux besoins de leur nombreuse famille : il n'y avait rien à espérer de ce côté. Alors, il organisa un concert qui fut assez productif et qui lui fournit les moyens de faire le voyage de Paris. Il arrive dans la capitale, léger d'argent, mais riche d'espoir et de ferme volonté, muni seulement de quelques lettres de recommandation pour quelques artistes parisiens.

Froidement accueilli par les uns, il fut fortement encouragé par les autres. Au nombre de ces derniers se trouvait Baillot, qui, après avoir reconnu dans le jeune violoniste le germe d'un véritable talent, le fit entrer dans sa classe au Conservatoire. En 1804, à la suite d'un brillant concours, Habeneck remportait le premier prix de violon, ce qui lui valut une place de répétiteur dans le cours de son maître.

Un jour, l'impératrice Joséphine donnait un grand concert au palais : l'artiste qui devait jouer un concerto de violon se trouva subitement indisposé, et on proposa au jeune Habeneck de le remplacer. Il joua sa partie avec un réel talent et charma l'assemblée. Joséphine le complimenta, et, apprenant qu'il ne faisait pas partie de la musique de l'Empereur, elle lui assura une pension de 1.200 fr. sur sa cassette privée.

Notre virtuose était dès lors à l'abri du besoin : protégé par l'Impératrice, il entra à l'orchestre de l'Opéra-Comique, où il ne fit que passer, car, après un concours très disputé, il fut adjoint à Rodolphe Kreutzer en qualité de premier violon solo à l'Opéra. Lorsque Kreutzer fut appelé à la direction de l'Opéra, Habeneck obtint la place de premier violon.

Selon une coutume constante, à l'Opéra, Habeneck, en sa qualité de premier prix de violon, fut désigné pour diriger pendant une année les concerts du Conservatoire. Il s'acquitta de ses fonctions avec un rare talent; il montra dans la direction d'un orchestre une telle supériorité que la Direction du Conservatoire, sur l'avis des trois inspecteurs : Cherubini, Méhul et Gossec, cet emploi lui fut conservé jusqu'à la fermeture de l'établissement, pendant les événements de 1815.

Lorsque le calme fut rétabli, l'Administration de l'Opéra fonda des concerts spirituels; elle jeta immé-

diatement les yeux sur Habeneck pour lui confier le
bâton de chef d'orchestre. Reprenant alors une idée
qu'il avait déjà essayé de mettre en pratique au Conservatoire, Habeneck fit exécuter les symphonies de Beethoven, dont la musique était alors incomprise. Les
œuvres de ce grand maître furent accueillies par des
huées, des interpellations étranges et des éclats : « C'est
pourtant bien beau ! » répétait silencieusement Habeneck.

Il ne perdit pas courage : il arrangea ces symphonies, fit des coupures et des additions, substitua un
andante en *la* à l'andante en *ré* de Beethoven : ces additions furent redemandées avec transport, ainsi que l'o-
ratorio du *Christ au mont des Oliviers*. Ce ne fut que
plus tard, en 1828, que la musique de Beethoven excita
l'enthousiasme et l'admiration, grâce à la chaleur et à
l'énergie qu'Habeneck sut imprimer à son exécution.
Ce fut alors un véritable triomphe; l'enthousiasme sou-
levé par ces concerts porta dans toute l'Europe la réputation de l'incomparable chef d'orchestre et de sa
vaillante phalange.

De 1821 à 1824, Habeneck avait été directeur de
l'Opéra. En 1824, il devint inspecteur général du Conservatoire, professeur d'une 3ᵉ classe de violon, et remplaça Kreutzer mis à la retraite. Après 1830, il fut
nommé violon de la musique du roi ; il quitta l'Opéra en
1846, voulut conduire une dernière fois ses vaillants
artistes, le 10 août 1848, et s'éteignit à Paris le 8 février
1849.

Comme compositeur, l'œuvre d'Habeneck est peu
importante : il a écrit quelques morceaux pour terminer l'Opéra de *Aladin* ou *la Lampe merveilleuse* après
la mort de son auteur, Benincori. On lui doit encore des
concertos, des airs, des duos concertants, des noctur-

nes, des caprices pour violon ; une grande polonaise
pour orchestre exécutée au festival de Lille en 1829, une
fantaisie pour violon et piano, en collaboration avec
Schunché, etc.

Voici le jugement porté sur Habeneck par un de ses
biographes : « De l'avis de tous les connaisseurs, Habeneck était un excellent chef d'orchestre. On a vu rarement un homme aussi habile que lui à diriger de puis-
santes masses instrumentales. Musicien consommé, il
pénétrait dans les plus petits détails et maniait un vaste
orchestre avec autant d'aisance que son propre violon.
Il déchiffrait avec une incomparable facilité, et il n'y
avait pas de morceau, si difficile, si compliqué, qu'il ne
fût capable de jouer à première vue avec autant
d'exactitude que de correction. Grâce à cette qualité.
il fut le premier à Paris qui pût exécuter les derniers
quatuors et quintettes de Beethoven, tâche dans laquelle avaient échoué d'autres artistes, qui déclaraient
ces morceaux inexécutables. »

AUBER.

AUBER

Auber (Daniel-François-Esprit) est né le 29 janvier
1792, à Caen. Son père, riche marchand d'estampes à
Paris, le destinait au commerce et désirait lui voir
embrasser une carrière où il s'était acquis une honorable aisance. Cette perspective était peu du goût du
jeune Auber, qui se sentait attiré vers les études musicales par un instinct irrésistible qui se manifesta de
bonne heure.

Mis en rapport, dans la boutique de son père, avec
des amateurs, des musiciens et des artistes distingués,
Auber, sans négliger cependant les affaires, prenait
goût aux choses de l'art et donnait libre cours à son
penchant pour la musique. Sur ses pressantes instances, son père lui fit donner des leçons de piano par
le compositeur tyrolien Ladromer. L'élève fit des progrès surprenants et bientôt il essaya de la composition
en écrivant quelques romances qui furent de suite re-
marquées dans le cercle d'amateurs et de personnes
de goût qu'il fréquentait.

Le père d'Auber, tout en applaudissant aux heureux
débuts de son fils, n'avait cependant pas abandonné
l'idée d'en faire un commerçant. C'est dans ce dessein
qu'il l'envoya à Londres pour achever de le rompre à
la pratique des opérations industrielles et commercia-
les. Pendant son séjour en Angleterre, Auber mena de
front les affaires et la musique.

Rentré à Paris, dans sa famille, après la rupture de la paix d'Amiens, il rapportait d'outre-Manche des *quatuors* et des essais lyriques qui obtinrent de sérieux encouragements. La mode était alors aux *concertos* ; Auber en composa plusieurs qui furent publiés sous le nom du violoncelliste Lamare. Comme ses productions recevaient un bon accueil, il essaya de publier sous son nom un concerto pour violon qui fut exécuté par Mazas au Conservatoire et qui eut un retentissement considérable dans les sphères artistiques.

Désireux de travailler pour la scène, et reconnaissant modestement que son éducation musicale laissait beaucoup à désirer, il renonça aux succès mondains qu'il avait obtenus jusqu'alors pour se placer sous la forte et sévère direction de Cherubini. Cet illustre maître développa chez son élève de précieuses qualités et surtout l'élégance et le bon goût qui sont restés comme la caractéristique de son facile talent. C'est de cette époque que datent quelques morceaux de musique religieuse et une messe à quatre voix dont l'*Agnus Dei* est demeuré célèbre en devenant l'air de la prière dans *la Muette de Portici*.

Auber affronta les grandes scènes par *le Séjour militaire*, opéra comique en un acte, donné salle Feydeau, en 1813. Ce début fut malheureux et *le Séjour militaire* fit une chute retentissante. L'auteur reconnut qu'il s'était trop hâté ; il s'enferma dans une retraite absolue et pendant plusieurs années il étudia avec acharnement. Un événement malheureux l'obligea à rompre le silence. Son père fit banqueroute et mourut, ne laissant que des dettes. Auber fut donc obligé à demander des moyens d'existence à ce qu'il n'avait considéré jusqu'alors que comme une distraction. Il se mit à

donner des leçons de piano et à composer de nouveaux
ouvrages. Il tenta de nouveau les hasards du théâtre
en 1819, avec *le Testament et les Billets doux*. Cette seconde œuvre tomba aussi lourdement que la première.
L'auteur était au désespoir et il commençait à déses-
pérer de son avenir. Mais avec une ténacité digne
d'éloge, il se remit au travail et donna au théâtre
Feydeau, le 17 juillet 1821, *Emma* ou *la Promesse im-
prudente*, dont Planard lui avait confié le livret. Ce fut
un succès.

La fortune continua de sourire au courageux compositeur : *Leicester, la Neige, le Concert à la cour, Léo-
cadie, le Maçon, le Timide, Fiorella* le rendirent justement célèbre et *la Muette de Portici* lui conquit la
gloire le 29 février 1828. D'un commun aveu, cet opéra
est le chef-d'œuvre d'Auber. Le livret, écrit par Scribe
et Germain Delavigne, a pour sujet l'élévation et la
chute de Masaniello, ce pêcheur d'Amalfi qui, à l'âge
de 24 ans, força le vice-roi de Naples à le reconnaître
comme gouverneur de la ville et qui paya de sa vie sa
dictature éphémère de sept jours : la roche Tarpéienne
à sept jours du Capitole (1627).

« La partition de *la Muette*, dit M. F. Clément, est
d'une richesse extrême. Avis, duos, prières, cavatines,
barcarolles, chœurs, airs de danse, orchestration, tout
a du caractère et est du plus grand effet. Par un tour
de force qui est un des mérites les plus singuliers de
cet opéra, quoique ce soit peut-être celui qu'on
remarque le moins, la langue musicale exprime avec
une précision admirable les sentiments que la pauvre
Fénella (la jeune fille muette) ne peut rendre que par
ses gestes. L'ouverture est originale et brillante... La
variété du rhythme, l'originalité de l'harmonie, la viva-
cité constante et toute française de l'expression sont

les qualités principales qui distinguent cette œuvre. »

Parmi tant de chœurs de *la Muette* restés célèbres, nous citerons le duo qui renferme cette phrase si fièrement rhythmée : *Amour sacré de la patrie.* Ce morceau, chanté à Bruxelles par Nourrit, souleva la population belge et fut le signal de l'insurrection de 1830 (25 août-23 septembre).

Après cet ouvrage, dont soixante ans n'ont pas épuisé la vogue, Auber revint à l'Opéra-Comique avec *la Fiancée*, qui nous fait assister à une sorte de métamorphose dans la manière du compositeur. Jusqu'à ce moment, les créations d'Auber se sont surtout fait remarquer par la simplicité de la conception, l'abondance et la naïveté de la mélodie. A partir de 1830, les œuvres du maître se distinguent par la grande variété des effets, une certaine science des combinaisons rhythmées, une habitude de l'orchestration, une harmonie piquante, variée et originale, une verve spirituelle. Nous assisterons à une troisième phase, avec *la Part du Diable*, en 1843.

A partir du triomphe de *la Muette*, Auber ne compta plus que des succès. Obligé de faire un choix parmi tant d'œuvres justement célèbres nous citerons : *Fra Diavolo* ou *l'Hôtellerie de Terracine*, *le Dieu et la Bayadère*, *le Filtre*, *le Serment de Gustave III*, *Lestocq*, *le Cheval de bronze*, *Actéon*, *les Chaperons blancs*, *l'Ambassadrice*, *le Domino Noir*, *le Lac des fées*, *Zanetta*, *les Diamants de la couronne*, *le Duc d'Olonne*..

Tant de chefs-d'œuvre n'avaient pu tarir l'inépuisable verve de l'illustre maëstro. Sa musique piquante, gracieuse, spirituelle l'avait placé au premier rang des compositeurs français, lorsque, le 16 janvier 1843, avec *la Part du Diable*, l'inspiration de ce génie, qui paraissait avoir trouvé sa forme définitive, subit une troisième

évolution, et s'ouvrit des horizons tout nouveaux. Sa
dernière partition nous révèle des trésors d'émotion
réelle, de sensibilité vraie, de passion, qu'on ne trouve
pas dans les œuvres précédentes.

Dans cette troisième manière du compositeur parais-
sent *Haydée*, qui fut un véritable triomphe, *Zerline* ou
la Corbeille d'orange, *Marco Spada*, *Jenny Bell*, qui a
fourni à Auber l'occasion d'écrire sa partition la plus
travaillée et la plus riche en combinaisons. *Manon
Lescaut* fut froidement accueillie par le public, qui mit
cet insuccès sur le compte de l'âge de l'auteur. Mais
Aubert prit une revanche éclatante. « Parvenu à l'âge
où tant d'autres se reposent, Auber ne semblait pas connaître les glaces de la vieillesse, et ses dernières productions témoignèrent d'une longévité intellectuelle
tout à fait admirable. Le public conserva d'invariables
sympathies à l'homme dont les compositions l'enchan-
taient depuis un demi-siècle. » (F. CLÉMENT.)

A l'âge de quatre-vingts ans, Auber donna *la Circas-
sienne*, *la Fiancée du roi de Garbe*, et *le premier Jour
de bonheur*, où l'auteur octogénaire a su montrer toutes
les qualités de sa meilleure époque, la clarté parfaite,
l'abondance et la limpidité des motifs, un excellent ton
de comédie musicale, et cette élégance de forme qui
ferait reconnaître entre mille la moindre de ses mélodies.

En dehors du théâtre, Auber composa une marche
pour l'Exposition universelle de Londres, en 1861, et un
air national mexicain qui lui avait été demandé pour
l'empereur Maximilien. Les distinctions n'ont pas manqué à l'illustre auteur de tant de chefs-d'œuvre lyriques
qui a reçu de ses contemporains les distinctions les
plus hautes et les plus précieuses quand elles sont méritées. Entré en 1829 à l'Institut (Académie des beaux-

arts), il était nommé directeur des concerts de la Cour, en 1830, par le roi Louis-Philippe, et il succédait à Cherubini en 1842, dans les fonctions de directeur du Conservatoire de musique. L'Empereur l'avait nommé directeur de sa chapelle. Créé chevalier de la Légion d'honneur en 1825, officier en 1835, commandeur en 1847, il était grand officier depuis le 8 avril 1861.

Auber vivait très sobrement, ce qui lui permit de conserver une santé excellente jusque dans son extrême vieillesse. Comme directeur du Conservatoire, il se faisait un devoir d'assister aux exercices, examens et concours des élèves; il se rendait ponctuellement aux cérémonies auxquelles il était invité; il dirigeait en personne la musique de la chapelle des Tuileries, et, malgré tant d'occupations, il ne cessa jamais de consacrer plusieurs heures par jour au travail de la composition. Chaque matin en se levant il avait l'habitude de se mettre à son piano, un vieil Érhard dont il ne voulut jamais se séparer et jouait un andante très court, de sa composition; il appelait cela « faire sa prière du matin ».

Il eut la douleur, à 88 ans, de voir l'invasion étrangère, d'entendre les hordes teutonnes souiller le sol de la patrie agonisante. Il supporta le siège de Paris qui le força à changer ses habitudes : ses chevaux ayant été réquisitionnés pour la boucherie, il dut renoncer à sa promenade quotidienne. Il devint sombre et taciturne, lui dont la gaîté était proverbiale, et le dégoût que lui inspirèrent l'entrée des Prussiens à Paris, la guerre civile et les horreurs de la Commune de Paris abrégea ses jours. Il tomba malade, et sentant la mort venir, il dit un matin avec un accent de profonde tristesse : « Je n'ai même plus la force de faire ma prière du matin. »

Un témoin oculaire raconte que, le jour de sa mort, il faisait de sa main défaillante le geste d'écrire, tant l'habitude du travail était constante chez lui.

C'est le 12 mai 1871, au plus fort de la guerre civile entre la Commune de Paris et l'armée de Versailles, pendant que le canon ébranlait tout le quartier de ses coups redoublés, que l'illustre maëstro s'éteignit, à l'âge de quatre-vingt-dix ans et trois mois. Il semble que le grand musicien dont la patriotique inspiration avait inventé la puissante orchestration de *Amour sacré de la patrie*, dans l'immortel chef-d'œuvre de *la Muette*, ait voulu s'éteindre le jour où, sous les désastres, s'éclipsaient l'audace et la fierté françaises.

Ce génie tout parisien a été atteint dans la vigueur que n'avaient pu amoindrir les années, à l'heure qui sonna pour la France de la défaite et de la honte. Il a succombé avec la gloire militaire de la patrie, lui qui devait à cette gloire ses plus nobles et ses plus charmantes mélodies.

Pour éviter le scandale du corbillard à drapeaux rouges de la Commune de Paris, des amis dévoués transportèrent secrètement le corps d'Auber dans une voiture de place et le déposèrent dans les caveaux de l'église de la Trinité en attendant le rétablissement de l'ordre. Lorsque la guerre étrangère eut tiré son dernier coup de canon, que la guerre civile eut commis son dernier attentat, le 15 juillet 1871, Paris fit à Auber de magnifiques funérailles.

Au cimetière Montmartre, sept discours furent prononcés sur cette tombe à jamais illustre par MM. Jules Simon, Beulé, Ambroise Thomas, le baron Taylor, Perrin, de Leuven et Alexandre Dumas. Ce dernier a parlé au nom de la Société des auteurs et compositeurs dramatiques. Ce remarquable discours, à cause de son étendue, ne saurait trouver place dans cette courte biographie, mais nous ne pouvons résister au plaisir d'en extraire quelques-uns des passages les plus saillants, qui serviront de conclusion à cette étude.

« Puisque nous sommes dans un temps où les politiques et les convoitises revendiquent, au nom d'une nature, d'une histoire et d'une justice de convention, et s'approprient par la force les territoires de leurs voisins, c'est bien le moins que nous déterminions nos possessions nationales, inviolables, éternelles, dans ce monde des arts que le génie seul peut occuper et étendre, qu'aucune combinaison ne peut conquérir. L'homme illustre que nous accompagnons aujourd'hui à sa nouvelle demeure est Français, absolument et éternellement Français ! Il fait partie de nos gloires invincibles. Les autres pays, y compris ceux qui nous haïssent, pourront se partager et savourer ses fruits, les racines de l'arbre tiennent à notre sol, c'est sur notre sol que se dessinent ses branches nerveuses, élégantes et fécondes, et ses premières fleurs et ses premiers parfums auront toujours été à nous et pour nous.

« Personne n'a été plus heureux et plus fier qu'Auber d'appartenir à notre nation, si diversement traitée, si unanimement imitée et enviée par les autres. Il poussait si loin l'amour de sa nationalité qu'il ne sortait jamais, non seulement du pays, mais de la ville qui l'avait vu grandir, ville qu'il a si largement contribué à maintenir à la tête du monde intelligent. On aurait dit qu'il craignait, en dépassant nos frontières, de laisser s'altérer en lui, par des courants nouveaux, ce génie si subtil, si délicat, si varié, et cependant toujours si clair et si précis, dont il était une des expressions les plus resplendissantes !

Deux sièges sans exemple dans le passé, car il sem-

ble que notre singulier pays soit appelé à donner toujours à l'univers les spectacles les plus inattendus et
les plus opposés, deux sièges successifs, l'un pendant lequel Paris demandait l'extermination, l'autre
pendant lequel il souhaitait le triomphe de l'assiégeant,
deux sièges n'avaient pu décider ce Parisien, malgré
ses quatre-vingt-dix ans, à quitter la capitale de son
cœur et son esprit. Il n'y a eu dans cette résolution ni
l'apathie de la vieillesse, ni l'indifférence du bien-
être, ni infirmité physique, ni nécessité matérielle : il
y a eu purement et simplement cet amour sacré de la
patrie auquel Auber avait dû sa plus puissante inspira-
ration, et auquel il payait loyalement sa dette. Mais,
hélas ! les forces de l'homme ont leurs limites et l'âme
humaine a ses réserves. Tant que l'ennemi a été étranger, Auber a vécu, a résisté, a espéré ; quand l'ennemi a été le compatriote, le frère de la veille, le Français, le Parisien, Auber n'a plus voulu voir, il n'a plus
voulu espérer, il n'a plus osé vivre. Comme le grand
Romain, il s'est voilé le visage et il s'est couché en disant :

« — Toi aussi, mon fils ! »

« Eh bien! Messieurs, malgré les effroyables malheurs
qui nous ont frappés depuis un an, car il y a juste un
an, à cette heure même où je vous parle, que la France
déclarait la guerre à la Prusse, malgré les cris qui retentissent encore à nos oreilles, malgré les plaies qui
saignent de tous côtés, malgré les deuils qui nous en-
tourent, malgré cette fosse ouverte à nos pieds, il m'est
impossible de fixer longtemps ma pensée sur la mort,
et c'est ce mort lui-même qui me ramène à l'espérance
et à la vie.

« Il sait bien qu'on peut ne pas vieillir, lui qui a été
jeune pendant près de cent ans ; il sait bien mainte-

nant qu'on peut ne pas mourir, lui pour qui la mort n'est qu'un avènement définitif à l'immortalité.

« Quel plus puissant argument en faveur de la renaissance éternelle de la vie que la vie toujours renaissante d'Auber ! Il était tellement, par sa personne, par son talent, la preuve même de la vie, que nous n'avons qu'à regarder devant nous pour le revoir passer souriant, alerte et gai, de cette gaîté délicate et noble qui est non seulement un éclair de l'esprit, mais un rayonnement de l'âme.

« Fortune rare, et la plus enviable de toutes, ce créateur s'est servi du temps sans le subir, et il n'a cessé d'habiter parmi les hommes que pour prendre rang à tout jamais dans leur mémoire ; car il n'est pas un de nous qui, en redescendant les souvenirs les plus lointains, ne puisse bercer chacun de ses souvenirs dans une mélodie de cet heureux inspiré. Sa verve intarissable court depuis un demi-siècle, à travers nos existences comme un ruisseau sorti d'une source naturelle, à la fois miroir et rosée, et fraîcheur et chanson. Que de tristesses il a emportées dans son murmure ; que de sourires il a reflétés, que de confidences reçues, que de larmes douces il a mêlées à ses eaux rapides dont rien ne pouvait troubler la transparence ! Combien de fois cet enchanteur nous a fait remettre au lendemain les soucis du jour, et, le lendemain venu, il les avait fait oublier.

« Béni soit cet art sensible, complaisant et câlin, qui, au lieu de s'imposer violemment à notre pensée, se plie à l'état momentané de notre être intérieur, nous enveloppe, nous caresse, nous entraîne et nous sépare peu à peu des angoisses de la réalité. Gloire et reconnaissance au maître charmant sans devanciers comparables à lui, sans rivaux contemporains, sans héritiers jusqu'à cette heure dans le genre qu'il a incarné, créé, pour ainsi dire, fixé certainement, qui a ému, égayé, ravi, consolé toute une génération disparue, tout une génération vivante et qui garde les mêmes émotions, les mêmes joies, les mêmes ravissements pour les générations qui vont naître et à qui nous souhaitons de n'avoir pas besoin d'être consolées. »

Le 10 juin 1883, la ville de Caen a inauguré à Auber, son illustre enfant, dans le local de l'Exposition des beaux-arts, une statue en marbre blanc, œuvre du sculpteur Delaplanche.

DASSOIGNE-MÉHUL

Daussoigne (Joseph), neveu et élève de Méhul, est né à Givet le 10 juin 1790, de Jacques Daussoigne et de Catherine Méhul. Lorsqu'il vint au monde il était si frêle, si chétif que, « *à cause du péril de mort* », il fut ondoyé séance tenante et baptisé le même jour. Les craintes que faisait naître sa faible constitution ne se réalisèrent pas, car Daussoigne est mort à quatre-vingt-cinq ans.

Par jugement du tribunal civil de Rocroi, en date du 15 février 1855, et dont mention est faite en marge de son acte de naissance, Daussoigne a été autorisé à ioindre à son nom celui de Méhul.

Dès ses plus jeunes années, le neveu de Méhul donna des marques non équivoques d'une sérieuse vocation musicale, et, à neuf ans, il était admis au Conservatoire de Paris. Il étudia le piano dans la classe d'Adolphe Adam et la composition dans la classe de son oncle. Le 3 oct. 1807 (il avait alors 17 ans), en séance extraordinaire de l'Institut, on décerna à Daussoigne l'un des seconds grands prix de composition musicale, et, en 1808, il remporta le premier prix qui lui fut remis par le Ministre de l'Intérieur, le 23 août.

Sur les conseils de son oncle, le jeune lauréat partit pour Rome ; mais il ne rencontra aucune occasion favorable pour se produire. Cette inaction lui pesait ; il confia son chagrin à son oncle qui lui envoya le livret

Robert et Guiscard. Daussoigne s'empressa d'écrire la partition qui ne fut jamais lue au comité d'admission. Cependant, cet opéra renferme de réelles beautés, telles qu'on pouvait les attendre d'un sujet dont les débuts avaient été si brillants.

De retour à Paris, Daussoigne composa *le Faux inquisiteur* et *le Testament*, qui eurent le même sort que leur aîné. Le courage allait abandonner notre compositeur lorsque M. Viennet vint lui offrir le libretto des *Amants corsaires*. Daussoigne lutta contre la mauvaise fortune et donna une partition qui fut accueillie avec acclamation. Malheureusement le roi ayant décidé que toutes les pièces reçues dans les théâtres devaient être soumises à une seconde lecture, le livret des *Amants corsaires* fut rejeté, et la partition ne vit pas le jour.

C'était jouer de malheur. Cependant Daussoigne ne se rebuta pas, et avec une constance digne d'éloges, il se remit énergiquement au travail et fit représenter *Aspasie* à l'Opéra. Cette pièce fut assez bien accueillie.

Méhul avait laissé inachevées deux partitions devenues célèbres : *Stratonice* et *Valentine de Milan*. L'administration de l'Opéra chargea Daussoigne de les terminer : il ajouta à la première des récitatifs qui furent très applaudis, et compléta la seconde avec tant d'art que la partition entière put être attribuée à Méhul.

Les *Deux Salem* furent peu goûtés. L'auteur travaillait aux *Deux Nuits*, lorsque, par suite d'une intrigue, le livret lui fut retiré pour être remis à un autre compositeur. La mauvaise fortune s'acharnait après lui : il se dégoûta à tout jamais du théâtre et ne voulut plus rien produire.

Depuis plusieurs années il se consacrait à l'enseignement comme professeur d'accompagnement pratique, lorsqu'une occasion lui fut offerte de quitter Paris. Il accepta avec empressement et devint directeur du Conservatoire de Liège, le 14 janvier 1827. Il se fixa dans cette ville, donna des leçons d'harmonie et de composition et se consacra tout entier à l'amélioration de l'établissement à la tête duquel lac onfiance du Ministre de l'Intérieur des Pays-Bas l'avait appelé. Les ennuis qu'il avait eus à Paris et les soucis de sa direction l'empêchèrent de se livrer à la composition.

Il ne sortit de son silence que pour écrire une magnifique cantate en l'honneur de Grétry. Elle fut exécutée aux fêtes organisées à Liège, lorsque le cœur de cette illustre musicien a été rendu à sa ville natale. Daussoigne composa encore une dernière œuvre en 1834, une *Journée de la Révolution*, mais il garda depuis cette époque un silence obstiné. Il est mort à Liège, en 1875. Pour se conformer aux dernières volontés du défunt, sa dépouille mortelle a été ramenée à Givet.

HÉROLD

Hérold (Jean-Louis-Joseph-Ferdinand) est né à
Paris, le 28 janvier 1791. Son père, Alsacien de naissance, était un professeur de piano de quelque réputation, issu d'une famille qui depuis plusieurs générations
cultivait la musique avec succès. Le jeune Ferdinand
ne tarda pas à donner des marques non équivoques
d'un penchant musical très prononcé, car à six ans il
composait déjà de petites pièces pour le clavecin. Il
donnait en même temps des preuves d'une intelligence
remarquable.

On a prétendu que les parents d'Hérold contrarièrent sa vocation; c'est une erreur. A onze ans, il fut en
effet placé à l'institution Hix pour y faire ses études
classiques, et il ne négligeait pas pour cela ses études
musicales : il étudiait alors le piano avec Louis Adam
et suivait un cours de solfège fait au pensionnat par
M. Fétis. Il n'avait pas encore atteint sa douzième année lorsqu'il perdit son père, enlevé à la fleur de l'âge
par une maladie de poitrine, septembre 1802. Mme Hérold, craignant pour son fils les incertitudes de la vie
d'artiste, pensa qu'il serait préférable de le diriger vers
un emploi administratif, et cessa d'encourager ses goûts
naissants : c'est sans doute ce qui a pu faire croire que
la famille du futur compositeur contraria sa vocation.

Avant de prendre une décision, Mme Hérold eut la
bonne pensée de demander l'avis de Grétry. Ce dernier

la rassura en prédisant au jeune élève de l'institution Hix un brillant avenir.

Hérold continua ses études classiques ; son intelligence ouverte les lui rendit faciles ; il tint constamment la tête de son cours et remporta tous les prix. Ce ne fut que plus tard, le 6 octobre 1806, lorsqu'il eut complètement terminé ses études, que Hérold, déjà bon musicien, entra au Conservatoire. M. Louis Adam, son parrain, le prit dans sa classe de piano; il reporta sur le fils toute l'affection qu'il avait eue pour le père.. Catel lui enseigna l'harmonie, Fétis le solfège, Kreutzer le violon. Sous ces habiles et excellents maîtres, Hérold fit des progrès rapides et en 1810 il remportait le premier prix de piano en exécutant une sonate de sa composition, fait unique dans les annales du Conservatoire : ce prix fut un double triomphe pour le compositeur et pour l'exécutant.

Au mois d'avril 1811, Hérold eut la bonne fortune de prendre des leçons de composition sous la direction de Méhul, qui lui donna le goût des formes dramatiques. Dix-huit mois passés dans la compagnie de ce grand maître lui suffirent pour se préparer au grand concours de l'Institut. Il entra en loge en 1812. Le sujet à traiter était *Mademoiselle de la Vallière* que Louis XIV veut faire sortir du couvent où elle s'est retirée. Les concurrents avaient trois semaines pour terminer leur travail ; au bout de six jours Hérold avait terminé. Sa mère étant allée pour le voir à l'Institut le trouva jouant à la balle dans la cour, pendant que ses camarades peinaient sur leurs compositions. Il remporta néanmoins le premier grand prix qu'il partagea avec Cazot.

Il partit donc pour Rome comme pensionnaire du gouvernement français. Il ne resta qu'un an dans cette

ville et se rendit ensuite à Naples. Par la protection
de M. Louis Adam, qui, à Paris, avait donné des leçons
aux fils du roi de Naples, Hérold fut parfaitement accueilli à la cour de Joachim Murat et donna des leçons
aux princesses filles du roi. C'est alors qu'il composa
et fit représenter sur le théâtre *del Fondo* un opéra
bouffe en deux actes : *la Gioventù di Enrico Quinto*, qui
eut un grand retentissement. Ce succès était d'autant
plus honorable pour notre jeune musicien que Naples
comptait alors trois grands compositeurs : Paisiello,
Zingarelli et Meyer, et que les Napolitains aimaient à
se dire de toute l'Italie les plus difficiles à satisfaire au
point de vue musical.

Après ce premier succès, Hérold quitta Naples pour
revoir Rome une dernière fois avant de se rendre en
Allemagne. Il brûlait du désir de connaître les œuvres
allemandes et de les étudier dans leur patrie d'origine.
Après un séjour de courte durée dans la ville éternelle
où il assiste aux exercices de la semaine de Pâques à
la chapelle Sixtine, nous le trouvons à Venise attendant
une occasion favorable pour entrer en Allemagne. Les
événements de 1815 l'avaient surpris dans la cité des
Doges et il devait y attendre des passeports qui tar-
daient bien à venir au gré de ses désirs. Après quinze
jours d'une attente infructueuse, il résolut de continuer
son voyage et se rendit à Vienne. Il fut assez heureux
pour n'être pas inquiété; ses rapports avec le prince de
Talleyrand lui permirent de séjourner en Allemagne et
d'y continuer ses études favorites sans avoir à craindre
un arrêté d'expulsion.

Hérold avait quitté la France depuis trois ans, lorsqu'il rentra à Paris et se mit immédiatement en quête
d'un livret qui lui permît de se faire connaître. Les
difficultés commençaient pour lui. Les librettistes se

faisaient tirer l'oreille pour confier leurs productions à un jeune inconnu. Hérold n'avait encore alors aucune notoriété, le succès de *Gioventù di Enrico Quinto* n'avait pu franchir les Alpes.

En attendant la renommée et le bon vouloir des poètes Hérold composa quelques morceaux de piano frappés au coin d'une individualité nettement dessinée, se fit remarquer comme pianiste dans quelques concerts et accepta un emploi au Théâtre-Italien. Les poèmes ne venant pas encore, Hérold commençait à perdre l'espoir d'écrire une grande partition pour le théâtre, lorsque Boïeldieu, qui avait découvert en lui le germe du talent, l'appela près de lui pour collaborer à l'opéra *Charles de France* qu'il devait mettre à la scène à l'occasion du mariage du duc de Berry. Hérold fut au comble de la joie et sa précieuse collaboration avec un compositeur illustre et possédant la faveur populaire le mit en relief. Dès lors, les librettistes accoururent et Théaulon le premier lui confia le livret des *Rosières*, sur lequel le compositeur écrivit une partition en trois actes qui vit le jour en 1817. Malgré les inexpériences qui s'y trouvaient, cet opéra fut bien accueilli et augmenta encore l'estime que l'on commençait déjà à montrer au jeune compositeur.

Bientôt après parut *la Clochette* que l'auteur, reconnaissant, dédia à son ancien maître Méhul, pour qui il avait toujours conservé les plus vifs sentiments de reconnaissance et de respectueuse affection. Dans cette partition, Hérold avait dépensé beaucoup de talent et avait rendu son instrumentation neuve, riche et élégante. On remarque surtout l'air délicieux : *Me voilà! Me voilà !* qui devint rapidement populaire, le final du premier acte, l'air passionné d'Azolin, un duo du second acte et de charmantes phrases disséminées dans l'ensemble de la pièce. Les sons argentins de *la Clochette*, dit un journal du temps, attirèrent la foule et fortifièrent la réputation naissante de l'artiste.

Pendant que le public se pressait aux représentations de *la Clochette*, affirmant ainsi le succès de cette belle partition, l'illustre Méhul était retenu sur son lit par la maladie qui le mit au tombeau peu de temps après. En apprenant le succès de l'opéra d'Hérold, il s'écria : « Je puis mourir, je laisse un musicien à la France. »

Cependant ce ne fut que dix-huit mois plus tard que le compositeur français donna *le Premier Venu*, opéra-comique fort gai, dont la musique était infiniment supérieure à celle de *la Clochette* et qui reçut un accueil trop froid. *Les Troqueurs* furent encore moins heureux, et *l'Auteur mort et vivant*, paroles de Planard, fit une chute complète.

Une mauvaise fortune si persistante lassa la patience du compositeur qui s'éloigna du théâtre et passa trois ans dans la retraite. Il accepta les fonctions de pianiste-accompagnateur au Théâtre-Italien et composa de la musique de piano. Envoyé en Italie, en 1821, pour recruter des chanteurs, il en ramena la Pasta (Judith), la Pisaroni, Rubini et Galli.

A son retour, Hérold tenta de nouveau la fortune avec *le Muletier*, paroles de Paul de Kock. Ce fut un succès qui consola le compositeur de sa déveine persistante. Malgré la réussite qu'il obtint avec cette pièce, l'auteur ne trouva pas à vendre sa partition et fut obligé de la faire graver à ses frais. Bientôt, l'Opéra lui ouvrit ses portes en faisant exécuter *Lasthénie*, sujet grec qui eut peu de vogue, *Vendôme en Espagne* et *le roi René*, qui furent froidement accueillis. *Le Lapin blanc* n'eut pas un meilleur sort, et fut outrageusement sifflé à l'O-péra-Comique.

A cette époque de sa vie, Hérold eut de graves préoccupations pécuniaires qui vinrent se joindre aux ennuis persistants que lui causait la chute successive de ses productions artistiques. Découragé, peut-être allait-il renoncer pour toujours à la carrière musicale, lorsqu'il mit la main sur un manuscrit intitulé *Marie*, de Planard, l'infortuné librettiste du *Premier Venu* et de *l'Auteur mort et vivant*. Sur ce nouveau poème, Hérold écrivit une musique agréable, suave et empreinte d'une exquise sensibilité et en fit une œuvre remarquable de grâce et de sentiment qui obtint un grand et légitime succès. *Marie*, suave élégie, tout imprégnée d'une douce mélancolie, valut à son auteur la croix de chevalier de la Légion d'honneur. A cette occasion, on fit circuler le huitain suivant attribué à Scribe, qui faisait allusion aux échecs des poèmes de Planard :

> Une faveur légère
> D'une entière rougeur
> Brille à ta boutonnière.
> On te doit cet honneur,
> Compositeur unique,
> Pour avoir, sans frayeur,
> Mis Planard en musique,
> Ça vaut la croix d'honneur.

La poésie de Planard ne devait guère avoir une grande valeur si elle ne valait pas mieux que celle de Scribe, mais la beauté de la musique fit oublier la pauvreté du livret.

A quelque temps de là, Hérold abandonna son emploi d'accompagnateur au Théâtre-Italien et accepta l'emploi de chef des chœurs à l'Opéra. Il devint directeur du chant en 1827. Ses nouvelles occupations l'empêchèrent de composer des ouvrages de longue haleine, au moment où il s'emparait comme de vive force de la

faveur populaire et pouvait effacer jusqu'au souvenir de
ses échecs antérieurs. Il employa ses trop rares loisirs
à composer quelques ballets parmi lesquels on cite :
Astolphe et Joconde, *la Somnambule*, *Lydie*, *la Belle
au bois dormant*, *les Noces du village*. Ce n'est qu'au
prix d'efforts considérables qu'il parvint à écrire *le
dernier Jour de Missolonghi*, *l'Illusion* et *Emmeline*, qui
réussirent peu malgré les beautés de la partition. Hérold écrivit peu de temps après *l'Auberge d'Auray* et
Zampa. Ce dernier opéra renferme de réelles beautés
et abonde en situations musicales ; ce qui explique que
depuis plus de quarante ans il est constamment resté
au répertoire. *Zampa* eut un succès retentissant en
Allemagne, où il est regardé comme le chef-d'œuvre
du compositeur. En France, nous préférons *le Pré-aux-
Clercs*, joué pour la première fois le 15 décembre 1832.
On ne sait ce qu'il faut le plus admirer dans cette partition : « La peinture musicale des situations scéniques,
la teinte merveilleuse qui règne sur toute la partie épi-
sodique, le coloris tour à tour discret et puissant de
l'instrumentation, tout y est combiné pour plaire à l'o-
reille la plus difficile et satisfaire l'intelligence la plus
exigeante. » (Félix CLÉMENT.)

Pour assurer le succès de son opéra, Hérold s'était
beaucoup fatigué pour diriger les répétitions, et la
maladie qui le ruinait lentement depuis plusieurs années, cette même maladie qui avait emporté son père
à la fleur de l'âge, fit en peu de temps des progrès
effrayants. Après la première représentation du *Pré-
aux-Clercs*, le public enthousiasmé applaudissait à tout
rompre et demandait l'auteur avec instance. Pendant
ce temps-là, on emportait chez lui Hérold mourant. Le
mal fit de rapides progrès et le 19 janvier 1833, le
savant auteur de *Zampa* et du *Pré-aux-Clercs* expirait,

à l'âge de quarante-deux ans, entre les bras de sa vieille mère, de sa femme et de ses trois enfants. « Quel malheur de mourir si jeune, disait-il peu de jours avant sa mort, je commençais à comprendre la musique qui convient au théâtre. »

« On raconte que la malheureuse mère d'Hérold, qui avait vu mourir son mari et son fils au même âge et de la même maladie, était inconsolable. On la voyait souvent errer autour de l'Opéra-Comique, consultant les affiches pour voir si l'on donnait quelque ouvrage de son fils. Lorsqu'elle y apercevait son nom chéri, elle se mettait à pleurer et se retirait douloureusement dans sa demeure solitaire pour revenir le lendemain pleurer de nouveau au même endroit. C'était là toute sa vie. Hérold avait été son bonheur ; sa seule consolation, c'était la gloire qu'il avait laissée. » (A. ADAM.)

Hérold a laissé inachevé l'opéra de *Ludovic*, qui a été terminé par Halévy. Nous avons de lui, en plus des œuvres déjà mentionnées, un motet, deux symphonies, trois quatuors, une scène avec chœurs et un nombre considérable de morceaux pour piano, tels que sonates, concertos, variations sur des airs français et italiens, des caprices, des rondes, des fantaisies, la plupart sur des motifs tirés de ses propres opéras ou sur des thèmes de Rossini.

« Hérold était d'un caractère naturellement enjoué ; sur la fin de sa vie, il était cependant devenu un peu mélancolique : il rêvait un nouveau voyage en Italie, que la mort ne lui a pas permis d'exécuter. Il avait l'habitude de composer en se promenant, et les Champs-Élysées lui ont souvent servi de cabinet de travail. Que de gens qui le connaissaient peu se sont formalisés de le voir passer près d'eux, sans avoir l'air de les apercevoir, et continuer sa route en chantonnant ! Comme il était très

spirituel, il laissait quelquefois échapper des mots un
peu piquants qui ont blessé bien des susceptibilités :
mais son caractère était bon au fond. Il rendait justice
à tous ses confrères, et ne connut jamais l'envie. Quoique M. Auber eût commencé beaucoup plus tard que
lui et eût été beaucoup plus heureux au théâtre, il
reconnaissait franchement que tous les succès de son
rival étaient mérités, et qu'il y avait sans doute dans sa
musique des qualités qui manquaient à la sienne. Nous
n'entreprendrons pas de faire un parallèle entre ces
deux grands talents. Hérold a malheureusement terminé sa carrière, et M. Auber en parcourra encore
une semée de succès. (Il a survécu 38 ans à Hérold.)
D'un seul mot, on pourrait peut-être résumer la diffé-
rence qui les caractérise : M. Auber a plus de fran-
chise, Hérold avait plus d'originalité. » (A. ADAM.)

De son mariage, contracté en 1827, Hérold laissa
trois enfants : deux filles et un fils.

HALÉVY.

HALÉVY

Halévy (Jacques-François-Fromental-Élie) est né à
Paris le 27 mai 1799. Issu d'une famille israëlite dont
le nom était Lévy, il a francisé un nom hébreu qu'il
a rendu célèbre. De bonne heure il montra pour la
musique les dispositions les plus heureuses, et avant
d'avoir accompli sa dixième année il était admis au
Conservatoire. Il suivit la classe de Cazot pour le
solfège, celle de Lambert pour le piano et apprit l'harmonie sous la direction de Berton. Supérieurement
doué sous le rapport musical, Halévy se fit bientôt
remarquer par la rapidité de ses progrès. Il devint
l'élève favori de Cherubini, qui lui donna pendant cinq
ans des leçons de contre-point. Il profita si bien des
leçons de ses maîtres qu'à l'âge de vingt ans à peine,
il remportait le premier grand prix de composition musicale de l'Institut avec la cantate *Herminie*. Il fut envoyé
à Rome comme pensionnaire du gouvernement français.
Avant son départ il fut chargé de mettre en musique
le texte hébreu du *De profundis* qui fut exécuté aux
obsèques du duc de Berry, qui venait de tomber
sous le poignard de Louvel, et il écrivit *les Bohémiennes*,
opéra qui resta inédit.

Pendant son séjour de deux ans dans la ville Éternelle (1820-1822), Halévy étudia, sous la direction du
savant Baini, les œuvres des grands maîtres de l'ancienne école italienne. Il rentra à Paris avec deux opéras.
Pygmalion et *les deux Pavillons*, qui ne purent voir le
jour que cinq ans plus tard. Comme la plupart des
auteurs et des compositeurs, Halévy eut à lutter

contre l'indifférence du public, la mauvaise volonté des directeurs de théâtre, et le goût de l'époque : il entreprit un combat dans lequel il resta maître du champ de bataille. Il remporta son premier avantage avec un petit opéra comique en un acte, *l'Artisan*, joué en 1827 à la salle Feydeau. L'année suivante, il donnait, à l'occasion de la fête du roi Charles X, une pièce de circonstance, *le Roi et le Batelier*, qui recevait également un excellent accueil. Dès lors la glace était rompue et Halévy commençait à être connu et aimé. Il succéda à Daussoigne comme professeur d'harmonie au Conservatoire et devint pianiste-accompagnateur au Théâtre-Italien, en 1829. Sur les conseils de Mme Malibran, Halévy composa pour ce théâtre un opéra en trois actes, *Clari*, qui eut peu de succès, malgré le talent de la célèbre cantatrice. *Le Dilettante d'Avignon*, pièce pleine de verve et de gaîté, eut plus de vogue, et il sembla qu'à partir de ce moment les obstacles qui s'étaient accumulés sur la route du musicien commencent à s'aplanir.

Manon Lescaut, *la Langue musicale*, *la Tentation*, *les Souvenirs de Lafleur*, *le Shérif* sont des compositions où le jeune maître sema une foule de morceaux charmants, qui le rendirent populaire. Hérold était mort, laissant inachevé son opéra de *Ludovic*. Halévy se chargea de compléter cette partition dont quelques morceaux seulement étaient écrits : il s'acquitta de cette mission avec bonheur et sa main délicate acheva cet opéra avec un scrupule pieux qui lui valut d'unanimes applaudissements.

Malgré les succès réels qu'il avait obtenus jusqu'à ce jour, Halévy ne laissait percer dans sa manière d'écrire rien qui pût faire pressentir le grand compositeur qu'il devait être plus tard, le rival de Rossini

et de Meyerbeer, lorsque parut *la Juive*, le 23 février
1835. D'un seul bond il s'éleva au niveau des plus
grands maîtres. Ses précédentes créations se distinguaient par une heureuse facture et un habile emploi
des ressources musicales : mais *la Juive* les dépasse
de toute la hauteur d'une inspiration grandiose, passionnée, émouvante. L'administration de l'Opéra comptait sur un succès avec cette grande et belle production : elle dépensa 150.000 fr. en frais de mise en
scène. Elle ne fut pas déçue dans ses espérances : *la
Juive*, admirablement interprétée, mit le sceau à la
réputation du compositeur. Les envieux et les impuis-
sants ne manquèrent pas à leur besogne accoutumée ;
ils se déchaînèrent à l'envi contre le chef-d'œuvre
d'Halévy et répandirent le bruit que la pièce ne devait son succès qu'à la splendeur des décors et de la
mise en scène. Malgré les criailleries des jaloux, la
partition n'en obtint pas moins un succès européen
et parfaitement justifié par les beautés de premier
ordre que l'auteur y a semées avec profusion.

Six mois plus tard, Halévy obtenait un nouveau succès, mais dans un genre différent, avec *l'Éclair*, opéra-
comique en trois actes, représenté le 30 décembre 1835.
La musique élégante, gracieuse, expressive et légère
de cette nouvelle création, contrastait avec le style
noble et élevé de *la Juive*. Le public lui fit un accueil
enthousiaste, et le gouvernement lui-même paya son
tribut d'hommage au musicien en le décorant de l'ordre de la Légion d'honneur.

Halévy garda le silence pendant deux ans et demi :
il se recueillit et travailla dans la paix de la retraite à
une nouvelle partition : *Guido et Ginevra* ou *la Peste de
Florence*. Dans la pensée de l'auteur, cet opéra devait
lui procurer un succès égal à celui de *la Juive*. Il n'en
fut pas ainsi ; malgré les suaves mélodies qu'il y avait

répandues à pleines mains, malgré le soin minutieux qu'il avait mis à la polir pendant de longs mois, la musique de *Guido et Ginevra* reçut un froid accueil. Le poème lugubre de Scribe a été pour une bonne part dans la chute de cette partition travaillée avec tant d'amour.

Les Treize, le *Drapier*, le *Guitarrero* n'eurent pas un meilleur sort ; mais *la Reine de Chypre* fut un éclatant triomphe. La musique grave, puissante, émue, pathétique de cet opéra réveilla les applaudissements assoupis depuis *la Juive* et dédommagèrent l'auteur de la froideur que le public lui témoignait depuis quelque temps.

Après un nouveau silence de deux ans, Halévy reparaît avec *Charles VI*, pièce patriotique qui obtint un honorable succès, et fut suivie, à de courtes distances, par *le Lazzarone*, *les Mousquetaires de la Reine*, *le Val d'Andorre*, *la Fée aux Roses*, *la Dame de Pique*, *la Tempesta*, *le Juif-Errant*, *le Nabab*, *la Jaguarita*, *Valentine d'Aubigny* et enfin *la Magicienne*, qui clot la liste des œuvres du célèbre maëstro.

Lorsqu'il écrivit *la Magicienne*, Halévy avait près de soixante ans. Ses amis furent étonnés de la vigueur qu'il sut déployer dans cette circonstance, alors que l'altération de ses traits et la diminution progressive de ses forces physiques leur causaient de sérieuses inquiétudes. Ces craintes n'étaient que trop fondées, car peu de jours après, le 23 décembre 1861, le célèbre compositeur quitta précipitamment Paris, pour aller chercher sous le ciel de Nice un climat plus favorable au rétablissement de sa santé.

La colonie parisienne de Nice fit à l'illustre musicien un accueil sympathique : les autorités civiles et militaires, tous les personnages de distinction lui prodiguèrent les plus délicates attentions. Chaque dimanche, sur la promenade publique, la musique de la gar-

nison se fit un devoir d'exécuter les plus beaux morceaux de ses opéras. Halévy fut touché de cet hommage délicat, mais ni la sollicitude dont il était entouré,
ni les soins pieux d'une famille qui l'adorait ne purent
entraver le mal qui fit de rapides progrès. Le 17 mars
1862, s'éteignit doucement celui dont la plume avait
écrit de si charmants chefs-d'œuvre.

Son frère, Léon Halévy, écrivain distingué qui fut
plusieurs fois son collaborateur, a écrit sa biographie.
Nous en détachons le passage suivant qui a trait aux
derniers moments de l'illustre auteur de *la Juive*.
« Peu de jours avant sa mort, dit-il, quelques paroles
qui semblaient l'effet d'un délire passager n'étaient
que le résultat d'une modification soudaine dans sa manière d'exprimer et de sentir. Lui qui, d'habitude, avait
toujours mieux aimé parler littérature, philosophie,
peinture, politique même que musique, dans les derniers temps, au contraire, il employait de préférence
les expressions et les images qui rappelaient l'art
qu'il avait tant aimé, tant illustré. Un soir, il cherchait
à prendre un livre placé sur une table un peu trop
loin de sa main pour qu'il pût l'atteindre sans un effort
qui l'eût fatigué : « N'est-ce pas que je ne fais rien *dans
le ton?* dit-il à sa fille qui lui donna le livre... Conviens-
en, ma chère Esther, je ne fais plus rien *dans le ton...* »
Le matin même de sa mort, il fit une application plus
imprévue, plus bizarre et plus touchante encore de ce
langage musical qui lui redevenait cher et familier. Il
était assis sur son divan : il voulut s'y étendre et reposer sa tête sur l'oreiller. Mais il n'y serait pas parvenu
de lui-même, et il fallut l'aider : « Couchez-moi *en
gamme,* dit-il à ses deux filles... » Elles comprirent ;
elles l'inclinèrent lentement, doucement et comme en
mesure, et à chaque mouvement, il disait en souriant :
Do, ré, mi, fa, sol, la, jusqu'à ce que sa tête reposât

sur les coussins. Ces notes, dont il avait fait un merveilleux usage, lui avaient servi une dernière fois, mais pour reposer sur un oreiller sa tête mourante, à l'aide de ses deux filles chéries. »

La famille éplorée ramena le corps du grand musicien à Paris qui lui fit de belles funérailles. La reconnaissance publique lui érigea un monument qui fut inauguré le 17 mars 1864, au cimetière Montmartre. A cette occasion plusieurs discours furent prononcés. Nous extrayons de celui que M. Niewerkerke prononça au nom de l'Institut, les quelques lignes suivantes : Notre mémoire est encore tout enivrée des beautés de *la Juive*, de cette œuvre puissante qui fut en France et bientôt en Europe la révélation d'un mérite de premier ordre, d'une organisation musicale exceptionnelle, faite pour embrasser les plus fortes créations... Nous pouvons donc dès aujourd'hui, sans crainte d'être démenti par les âges à venir, mettre l'auteur de *la Juive* et de *Charles VI* au premier rang de ceux qui ont charmé, élevé, consolé l'humanité par leur art, remplissant ainsi leur glorieuse mission. C'est Halévy en effet qui a dit de la musique qu'elle est « un art que Dieu semble nous avoir donné pour que toutes les voix, confondant leurs accents, lui portent les prières de la terre unies dans un rhythme harmonieux ».

Halévy était depuis 1833 professeur de composition au Conservatoire, où il avait remplacé M. Fétis. En 1836 il avait remplacé Reich à l'Acamédie des beaux-arts de l'Institut qui le choisit comme secrétaire perpétuel à la mort de Raoul Rochette, en 1854. L'Académie des beaux-arts fut bien inspirée en faisant ce choix, car Halévy n'était pas seulement un musicien des plus éminents, mais encore un écrivain aussi spirituel qu'érudit.

ADAM.

ADAM

Adam (Adolphe-Charles) est né à Paris le 24 juillet
1803, de Adam (Jean-Louis), pianiste-compositeur assez
en renom à cette époque, et de Mlle de Coste, fille d'un
médecin de quelque réputation. Grâce à la situation
de fortune de ses parents, le jeune Adolphe fut élevé
dans une grande aisance, mais son éducation fut très
négligée.

La première éducation joue un rôle considérable sur
la destinée des individus et la carrière d'Adam nous en
fournit un nouvel exemple. L'abandon dans lequel fut
laissée sa jeunesse, l'insouciance dans laquelle se passa
son adolescence, l'empêchèrent, malgré de réelles qualités natives et une véritable aptitude musicale, de
s'élever au premier rang parmi nos compositeurs. Il
doit à ces circonstances malheureuses de ne figurer
qu'au second rang.

« A sept ans, nous dit-il dans ses *Souvenirs*, je ne
savais pas lire, je ne voulais rien apprendre, pas même
la musique, mon seul plaisir était de tapoter sur le
piano, que je n'avais jamais appris, tout ce qui me
passait par la tête. Ma mère se désespérait de mon
inaptitude et, à son grand chagrin, elle se résolut à me
mettre dans une pension en renom, où Hérold avait
été élevé, la pension Hix, rue Matignon. »

C'est là qu'Adolphe Adam reçut les premières leçons
de piano, d'un élève de son père, Henri Lemoine. De

la pension Hix, il passa au pensionnat Gersin, à Belleville, où il eut comme professeur de piano la fille de son maître. Après un court passage à la pension Butet, il suivit comme externe les cours du collège de Bourbon. Ses progrès en latin ne furent pas très grands ; il se lia avec des camarades qui l'entraînèrent à faire l'école buissonnière et d'autres fredaines moins excusables. « Nous nous livrâmes avec ardeur, dit-il ingénuement, à l'éducation des cochons d'Inde : cela devint toute notre préoccupation. »

Continuant ses confessions, il avoue, avec une certaine désinvolture, que, pendant trois ans, il ne mit pas le pied au collège : « Cependant j'avais obtenu de mon père qu'il me fît apprendre la composition ; on ne m'accorda cette faveur qu'à la condition que mes études humanitaires n'en souffriraient pas. Un ami de mon père, nommé Widerkeer, me donna les premières leçons d'harmonie, mes progrès furent très rapides parce que j'y donnais tout mon temps... Je descendais à l'heure des classes du collège et j'allais faire mes leçons d'harmonie chez des voisins pendant qu'on me croyait au collège. Cela dura pendant trois ans. L'économe ne faisait aucune difficulté de recevoir les quartiers qu'on lui payait, et le professeur ne s'inquiétait nullement de ne voir jamais un élève dont il ne connaissait que le nom. Mon pauvre père ignora toute sa vie que j'eusse fait ma seconde, ma rhétorique et ma philosophie... tout autre part qu'au collège. »

Le collégien réfractaire entra néanmoins au Conservatoire, où il se mit à travailler sérieusement la musique, sous la direction de Benoît pour l'orgue, d'Eller et de Reicha pour le contre-point, et enfin de Boïeldieu. Ce dernier parvint non sans peine à réformer le goût

de son élève et à lui faire comprendre et admirer les
beautés de Grétry et de Méhul.

Adolphe Adam avait pour le théâtre un goût passionné qui ne laissait pas que d'inquiéter son père,
devenu clairvoyant un peu tard. Pour empêcher son
fils de s'aventurer dans cette voie, le père Adam, lui
accorda simplement la nourriture et le logement, mais
il se refusa de lui donner de l'argent.

Le jeune homme tourna la difficulté en composant
des romances et des morceaux de piano qu'il vendait
25 et 30 francs, et en donnant des leçons à trente sous
le cachet. Un musicien, Duchaume, s'offrit de le faire
entrer, pour jouer la partie de triangle, à l'orchestre
du Gymnase, à raison de deux francs par représentation,
à condition que lui, Duchaume, toucherait les deux
francs. Adam accepta avec empressement, ce qui lui
permit de se lier avec des auteurs et des acteurs, et à
la mort de Duchaume, il lui succéda comme timbalier
et chef des chœurs aux émoluments annuels de 600
francs. C'était une fortune.

En 1823, Adam concourut pour le prix de l'Institut ;
il obtint une mention honorable ; en 1824, il obtint le
second grand prix. Il quitta l'école et se lia avec des
auteurs de vaudevilles, pour qui, dans le but de se faire
connaître, il composait des airs, sans demander aucune
rétribution. C'est de cette époque que date *la Batelière
de Brientz, Caleb, le Hussard de Felsheim, la Dame
Jaune*. Plusieurs airs devinrent populaires et le nom
d'Adam commença à être connu.

Adolphe Adam entreprit un voyage en Hollande, en
Allemagne, en Suisse, mais il ne cessa pas de produire
et de faire représenter des drames lyriques, des ballets, des opéras comiques qui eurent une grande vogue.
À son retour à Paris, il donna, 9 février 1829, l'opéra

de *Pierre et Catherine*. Ce fut un succès. A partir de ce moment il ne cessa de composer avec une étonnante fécondité.

S'étant brouillé avec son père, il quitta la maison paternelle et partit pour l'Angleterre, où il fit représenter au théâtre de Covent-Garden de Londres deux opéras anglais. *His first Compaign* et *the dark Diamond*. Rentré en France il donna *le Chalet*, paroles de Scribe, le 25 décembre 1834. On se plaît à reconnaître cette pièce, sinon comme son chef-d'œuvre, du moins comme l'ouvrage qui lui valut la vogue la plus franche. Puis vinrent *le Postillon de Lonyjumeau*, *le Fidèle Berger*, *la Reine d'un jour*.

Après la seconde représentation de cette dernière pièce, Adam partit pour la Russie. L'Empereur l'accueillit à merveille : il composa un ballet, *l'Écumeur de mer*, qui eut un grand succès. Nous laissons la parole à l'auteur pour parler de son séjour à Saint-Pétersbourg : « Je vis mourir, presque dans mes bras, Eugène Dennares, un camarade de collège. Son enterrement me laissa une triste impression. L'usage russe est de faire une collation dans le cimetière même et dans un bâtiment destiné à cet usage : les invités au convoi y envoient les rafraîchissements qu'on consomme sur place, et l'on se grise assez habituellement dans ces repas funèbres. J'avais voulu suivre à pied le cortège, j'attrapai un froid, je rentrai malade et pendant deux mois je fus entre la vie et la mort. Le hasard m'avait fait trouver à Saint-Pétersbourg un cousin germain dont j'ignorais l'existence et qui était un médecin distingué. Ce fut à ses bons soins et surtout à la sollicitude d'une personne qui porte aujourd'hui mon nom que je dus de ne pas succomber à la maladie. Mais j'avais l'esprit frappé et je ne pouvais rester plus longtemps en Russie.

Un nommé Cavoz, directeur de la musique de l'Empereur, vint à mourir : on m'offrit sa place ; les trente-mille roubles ne me tentèrent pas et j'eus le bon esprit de refuser. La navigation à vapeur permet d'aller facilement en Russie, quand les glaces le permettent, mais une fois l'hiver venu le retour est difficile. Je dus louer une diligence entière pour pouvoir être ramené aux frontières de Russie ; je trouvai heureusement deux compagnons de voyage et il nous en coûta 100 roubles pour sortir de Russie, et passer onze nuits dans une abominable voiture. » (*Souvenirs.*)

Parisien par excellence, Adam se réjouissait à la pensée de revoir les boulevards et de renouer ses relations théâtrales. Mais il s'arrêta à Berlin où le roi lui demanda un intermède pour le théâtre. Avec quelques difficultés, Adam se mit au travail et il écrivit *Die Hannadryaden*, un ballet-opéra qui fut composé, appris et répété en trois semaines et qui obtint beaucoup de succès.

Il s'empressa de quitter les rives de la Sprée, après avoir reçu les félicitations du roi et de sa cour et arriva à Paris où il donna : *la Nain de fer* (1841), *le Roi d'Yvetot* (1842), *Lambert Simnel* (1843) et *Cagliostro* (1844).

Brouillé, à la fin de l'année 1844, avec le directeur de l'Opéra-Comique, Adam voulut tenter la fortune en ouvrant un débouché à ses pièces. Il fonda une société et ouvrit une scène nouvelle, le 15 novembre 1847, sous le nom d'Opéra-National. Après quelques succès, la Révolution de 1848 ferma le théâtre nouveau et ruina son commanditaire.

A partir de ce moment, notre compositeur ne fit plus que se débattre au milieu des plus grands embarras financiers. Nous devons dire à sa louange qu'au milieu de toutes les difficultés, il montra un courage et une fermeté dignes d'un meilleur sort. Il abandonna tout son avoir à ses créanciers, il hypothéqua l'avenir en abandonnant tous ses droits d'auteur jusqu'à complet paiement et ne se réserva que les 100 francs par mois qu'il recevait de l'Institut. Il fit la critique musicale dans *le Constitutionnel* et dans *l'Assemblée Nationale*. Le général Cavaignac lui fit donner la place d'inspecteur des classes du Conservatoire, laissée vacante par la mort d'Habeneck : ses faibles ressources s'augmentèrent ainsi de 2.400 francs par an.

Adam tomba de nouveau malade, ce qui ne l'empêcha pas de composer en huit jours, pendant qu'il était au lit, *la Poupée de Nuremberg*. « Je me levai, dit-il, le huitième jour pour l'essayer et me le jouer au piano ; j'étais guéri ; le travail avait tué la maladie. »

La dernière période de sa vie, si elle n'a pas été la plus heureuse, a cependant été marquée par des succès incontestables, entre autres : *Si j'étais Roi* et *le Sourd* ou *l'Auberge pleine*. Sa dernière pièce fut *les Pantins de Violette*, jouée aux Bouffes, le 29 avril 1856, quatre jours avant sa mort, arrivée le 3 mai suivant. On le trouva mort dans son lit sans que rien, la veille, eût pu faire présager un dénouement si rapide.

Adolphe Adam a été un compositeur d'une rare fécondité. Son œuvre comprend 111 actes, dont 78 d'opéras comiques, 29 de ballets, 5 d'opéras, plus des réorchestrations de Grétry, Monsigny, Dalayrac, Berton, Solié, Nicolo, 150 morceaux de piano, des marches à grand orchestre, des romances, des morceaux religieux parmi lesquels le *Noël* que tout le monde connaît, des chœurs, entre autres *les Enfants de Paris*, un mois de Marie, des morceaux pour l'orgue Alexandre. Il a laissé, de plus, de nombreux articles de critique musicale et deux volumes de souvenirs que sa veuve a publiés chez C. Lévy.

Adam était chevalier de la Légion d'honneur depuis 1836, officier du même ordre et membre de la section musicale de l'Institut depuis 1844.

Nous empruntons à M. H. Lavoix le jugement qu'il porte sur Adam et sur son œuvre dans la grande Encyclopédie : « Écrivain peu correct, mais plein de bonhomie et de finesse, d'une érudition trop superficielle, mais d'un jugement sûr, Adam fut certes un des critiques musicaux les plus distingués de son temps. Trop exalté par les uns, Adam a été jugé trop sévèrement par les autres... Bien loin d'Hérold et d'Halévy, moins distingué qu'Auber, mais aussi plus ému, plus sincère que lui, Adam tient sa place dans l'École française par ses qualités comme par ses défauts. Fin, adroit, spirituel, maniant avec une grande dextérité, sinon avec beaucoup de science la langue musicale, comprenant la scène à merveille, Adam ne sut pas toujours se défendre de la vulgarité ; il ne sut pas se défendre de sa dangereuse facilité... »

CLAPISSON

CLAPISSON

E 15 septembre 1808, naquit à Naples Louis CLAPISSON.

Nous n'hésitons pas à le mettre au rang de nos compositeurs, car s'il n'est pas né sur la terre de France, il est vraiment Français par sa famille et par son talent: par sa famille, parce que son père et sa mère étaient d'origine lyonnaise, et qu'ils habitèrent Naples peu de temps, pendant les quatre années que dura la royauté éphémère du prince Joachim Murat (1808-1812); par son talent, parce qu'il a cultivé avec succès le véritable opéra comique, genre éminemment français que les étrangers nous empruntent, ne pouvant arriver à l'imiter.

Clapisson se passionna de bonne heure pour la musique. Son père, professeur au Conservatoire de Naples et premier cor au théâtre de San-Carlo, lui fit donner les premières leçons de violon par Gebaüer. Il n'avait pas encore cinq ans lorsque ses parents quittèrent l'Italie pour rentrer en France; et à huit ans, il parcourait déjà le midi de la France sous la direction du célèbre violoncelliste Hus-Desforges, recueillant partout des applaudissements pour son précoce talent. Clapisson raconte lui-même, dans un langage plein de verve et de gaîté, comment il allait, parcourant les rues des petites villes, un pot à colle d'une main, un pinceau de l'autre, coller l'affiche qui annonçait le concert qu'il donnerait le soir. Hus-Desforges exploitait son jeune talent, mais il ne lui donnait aucune part dans la recette.

Un soir qu'il était à Bordeaux, donnant un concert, il fut remarqué par un M. H. Sonnet, compositeur d'un certain mérite qui le garda près de lui : il lui apprit l'harmonie et le fit admettre comme violon, au Grand-Théâtre, ce qui lui permit de gagner quelque argent.

Lorsqu'il se vit, après des merveilles d'économies, possesseur d'une somme de 50 fr., la tête lui tourna : il s'imagina qu'avec talent et 50 fr. dans sa poche, il pouvait tenter la gloire et la fortune à Paris. Son entrée dans la capitale ne fut pas heureuse, car le matin même de son arrivée on lui volait 20 fr. sur les 50 qu'il possédait. Furieux, il arpente fiévreusement les rues de la capitale à la recherche de son voleur ; il perdit son temps et sa peine : il ne gagna qu'une chose, l'appétit, qu'une course matinale avait singulièrement aiguisé.

Pour réparer autant que possible la forte brèche faite à son trésor, il se résout à faire des économies et il commence à chercher à déjeuner hors de l'hôtel afin de prendre son repas à meilleur compte. Se rappelant qu'à Bordeaux il lui arrivait de faire de succulents déjeûner pour deux francs, il avise un restaurant du Boulevard des Italiens et après quelques hésitations, il entre et se fait servir un copieux déjeuner. Il commençait à se réconcilier avec la grande ville en voyant que la cuisine parisienne valait presque celle de Bordeaux. Après avoir, comme dessert, mangé une magnifique grappe de raisins (on était alors au mois de janvier) il demande l'addition et tire, du fond de sa poche, une pièce de 2 fr. pour payer son déjeuner et une pièce de 10 centimes qu'il voulait donner généreusement au garçon comme pourboire. Mais il faillit tomber à la renverse lorsque la note lui fut apportée sur une assiette : le total s'élevait à la somme de 23 fr. 75. Il fut d'abord abasourdi, puis compta et recompta l'addition; il eut beau faire la preuve de l'opération, la somme fatale était d'une exactitude désespérante. Épouvanté, ahuri, fou, le pauvre diable paie et sort avec précipitation : il ne lui restait plus que 6 fr. 25. Il marche longtemps sans savoir où il va. Tout à coup au coin d'une rue, ses yeux tombent sur une affiche annonçant pour le soir même un concours pour une place de violon au théâtre Comte. C'est peut-être le salut. En toute hâte il regagne l'hôtel, s'enferme dans sa chambre et se met à faire des gammes avec l'énergie du désespoir; il se cramponne à cette planche de salut, comme le naufragé s'attache à l'épave qui le soutient sur les flots agités !

Après plusieurs heures d'exercice, il se présente au concours et il est assez heureux pour l'emporter sur tous ses concurrents; il remporte le prix qui lui assure un traitement de 600 fr. Il est sauvé.

L'année suivante, le 18 juin 1830, il entre au Conservatoire, où il reste cinq ans, étudiant le violon sous la direction d'Habeneck et la composition sous celle de Reicha. En même temps il était attaché à l'orchestre des Variétés, du Gymnase et des Italiens. Après avoir remporté le second prix de violon en 1833, il entre comme premier violon à l'Opéra en 1835. Il se fit connaître d'abord par des chansonnettes et des quatuors qui commencèrent à attirer sur lui l'attention publique.

La vogue de ses romances ne lui suffisant plus, il aborda la grande scène avec *la Figurante*, qui fut jouée sur la scène de l'Opéra-Comique, le 24 août 1838. Le compositeur trouva pour son début des mélodies charmantes et fit preuve d'une grande habileté d'instrumentation.

La Figurante fut suivie de *la Symphonie* ou *Maître Albert* (1839). *Perruche* (1840), *le Pendu* et *Frère et Mari* (1841), *le Code noir* (1842), *les Bergers trumeaux* (1844) et *Gibby la cornemuse*, une des œuvres les plus importantes de Clapisson et qui fut jouée pour la première fois le 19 novembre 1846. L'épisode mis en scène par le livret de MM. Brunswick et de Leuven se passe en Angleterre, au temps de Jacques VI d'Écosse, fils de Marie Stuart et de H. Darnley. Entouré de courtisans conspirateurs qui ont juré sa perte, le roi est sauvé par un berger écossais, Gibby, joueur de cornemuse qui dévoile le complot et charme son souverain en lui jouant des ballades nationales. Gibby est récompensé par son mariage avec la belle Marie Paltison.

Cet opéra, émaillé de morceaux remarquables, abonde en heureuses mélodies : on remarque surtout l'ouverture à laquelle un bel air montagnard donne un cachet de couleur locale bien rendue, un duo syllabique, une imitation d'orage et le célèbre duo du déjeuner entre le roi et le pâtre. Cette œuvre remarquable valut à son auteur la croix de chevalier de la Légion d'honneur (1847).

Clapisson possédait la faveur populaire : il donna successivement *Jeanne la Folle* (1848), *la Statue équestre*, composée en 1850 à l'occasion de l'érection de la statue de Napoléon à Lyon, *les Mystères d'Adolphe* (1852), *la Promise* (1854). Cette dernière pièce est amusante, la musique est fort jolie, mais le succès ne s'éleva pas à la hauteur de celui de *Gibby*.

Le 1er mars 1856, Clapisson donna *Fanchonnette*, qui obtint un immense succès, grâce au talent déployé par Mme Miolan-Carvalho, qui préludait ainsi d'une manière éclatante aux futurs triomphes de sa carrière artistique. *Le Sylphe* eut moins de vogue, malgré de réelles beautés. *Margot* (1857) eut le même sort. On trouva que l'auteur avait mis trop de couleur locale dans l'ouverture qui est un chef-d'œuvre d'imitation. Le chant, les cris de tous les hôtes d'une basse-cour y sont imités avec un réalisme qui souleva le rire, mais fit tort à la pièce.

L'œuvre lyrique de Clapisson se termine par *les trois Nicolas* (1858) et *Madame Grégoire* (1861). Pour ce dernier opéra le maëstro a fait de grands frais de musique et d'orchestration : c'est là que l'on rencontre ses meilleurs morceaux de longue haleine.

Clapisson mourut presque subitement. Timothée Trim raconte que Clapisson avait été fortement impressionné par l'agonie de Prosper Vialon, un de ses camarades. Le moribond, qui souffrait des douleurs intolérables, fixa sur son ami son regard près de s'éteindre et lui dit : « Je vous souhaite une bonne apoplexie... quand votre heure sera venue..., on n'a pas les angoisses que j'éprouve. » Remué par cette mort violente, Clapisson rentra chez lui et absorba un médicament pour se remettre. Il mangea trop vite sur la potion qu'il avait prise et une congestion cérébrale l'emporta, le 19 mars 1866.

Depuis 1854, il était professeur d'harmonie au Conservatoire, et il avait remplacé Halévy à l'Institut, en 1864. En 1861, il avait été nommé conservateur du Musée instrumental qu'il avait fondé lui-même et donné à l'État. Ce Musée mérite une mention spéciale. Clapisson y avait réuni les instruments de musique les plus anciens et les plus variés. On y voit des épinettes du temps de François Ier, un violon de Stradivarius, une trompette marine, des serpents du XIVe siècle, des théorbes, le piano de Marie-Antoinette, la harpe de la princesse de Lamballe, une vielle de Henri IV, le piano de Beethoven, celui de Grétry et celui de Boëldieu, la flûte de Tulou, le basson de Gebaüer, son premier maître, et une foule d'autres instruments rares et curieux, illustrés par des artistes célèbres. Clapisson était très fier de son musée : il se félicitait souvent de pouvoir laisser après lui quelque chose qui portât son nom. Il était modeste, car ce qui mérite surtout de faire connaître son nom à la postérité ce sont ses opéras charmants, parsemés de perles musicales, imprégnés d'une musique véritablement française.

REBER.

REBER

Reber (Napoléon-Henri) est né à Mulhouse, le 21 octobre 1807. Destiné par sa naissance et la volonté de son père à la carrière industrielle, son éducation fut dirigée en ce sens et on le poussa vers l'étude des sciences. Mais un goût inné pour la musique lui fit prendre en dégoût la profession qu'on voulait lui faire embrasser, et dès lors il s'adonna exclusivement à l'étude de l'art qu'il affectionnait.

Le jeune Reber se mit à jouer de la flûte et du piano. Non content de connaître ces intruments, il voulut étudier les principes de la composition, et dans ce dessein, il se procura des ouvrages spéciaux qu'il lut et médita avec une persévérance opiniâtre. Ayant reconnu l'insuffisance de ses moyens d'étude pour arriver à la connaissance d'un art si difficile que celui de la composition, il quitta Mulhouse et vint à Paris, en 1829, pour se mettre sous la direction d'un professeur. Au mois d'octobre de cette même année 1828, il entrait au Conservatoire où il étudiait le contre-point avec Scuriot et la fugue avec Jeleusperger.

Après un travail assidu, Reber arriva, après concours, dans la classe de composition dramatique dirigée alors par Lesueur. Ses premiers essais furent des mélodies et des morceaux de musique instrumentale. Ses mélodies pour voix seule et piano reçurent un accueil bienveillant qui encouragea l'auteur. On cite parmi ses plus charmantes compositions en ce genre : *le Voile de la châtelaine, la Captive, Haï Luli, le Jardin, la Rive inconnue, la Chanson du pays*, etc... Dans une fantaisie intitulée *les Cloches*, pour violon et piano, le nouveau compositeur sut captiver, intéresser l'oreille, sans sortir d'une tonalité unique, tout en donnant au violoniste l'occasion de faire valoir son talent. Plusieurs de ses quatuors, trop peu connus, font l'admiration des connaisseurs.

Reber débuta sur la scène par un ballet : *le Diable amoureux*, représenté à l'Opéra le 25 septembre 1840. Il s'acquit de nouveaux titres à la considération des artistes en composant deux symphonies à grand orchestre, exécutées aux concerts du Conservatoire. Une ouverture : *Naïm*, exécutée aux concerts de la Société de Sainte-Cécile, mit le sceau à sa réputation.

Le 9 février 1848, parut sur la scène de l'Opéra-Comique *la Nuit de Noël*, qui fit connaître l'auteur comme un réformateur. Les vrais amateurs lui donnèrent raison et rendirent justice à sa manière d'écrire. Musicien savant, consciencieux et de bon goût, Reber voulait un orchestre qui soutînt le chant, mais qui ne l'étouffât jamais ; il cherchait par une orchestration, habilement disposée, à obtenir de l'effet sans bruit : les connaisseurs lui donnèrent raison, mais la masse du public accueillit cette innovation avec une certaine réserve. Quelques détracteurs allèrent même jusqu'à reprocher à cette musique d'être triste et monotone, de manquer d'entrain et de variété. Les partisans de Reber répondaient à ces attaques en leur faisant l'éloge du délicieux air *Ah qu'il fait froid,* de *la Nuit de Noël*, et par le ravissant duo du 3ᵉ acte de ce même opéra. Reber ne s'émut pas de ces discussions et continua de s'avancer dans la voie où il s'était engagé et

qu'il savait être la bonne. Il répondit à ses détracteurs
par *le Père Gaillard,* joué le 7 septembre 1852, partition correcte et élégante, où brillent une foule de mélodies pleines de verve, d'expression et d'originalité.
« Le compositeur montra tout ce qu'on pouvait attendre du talent d'un véritable artiste qui, ayant foi dans
sa cause et croyance dans son art, ne cherche pas le
succès au prix du sacrifice de ses convictions. »

Le 28 décembre 1853 parurent *les Papillotes de
M. Benoist.* Nous empruntons à M. Félix Clément le
jugement qu'il porte en fin connaisseur sur ce nouvel
opéra-comique : « Une autre œuvre où se mêlent à
doses égales le goût, la science et le sentiment, ce sont
les Papillotes de M. Benoist. Tous les morceaux qui
composent la partition ont du caractère, expriment
une vérité, la situation des personnages. La mélodie
est toujours distinguée, et l'harmonie d'un intérêt
soutenu. La facture a les apparences de la simplicité,
ce qui a fait accuser la manière du compositeur d'af-
fectation et de parti pris. C'est, à mon avis, une erreur.
Les accompagnements font foi d'une dépense considérable de connaissances symphoniques et d'arrangements ingénieux. Grétry et Haydn semblent revivre
dans le style dramatique de Reber, et il doit suffire à
la gloire d'un artiste contemporain d'évoquer de telles
ombres. La romance de M. Benoist, les couplets d'André : *Suzanne n'est plus une enfant ;* le dialogue entre
la voix de Suzanne et le violon de M. Benoist ; le duo
du partage du mobilier maternel et un dernier duo
d'amour sont tous des morceaux excellents. Le compositeur a traité l'orchestration avec une grande sobriété
sans y employer les cuivres. »

La dernière production musicale de Reber fut
les Dames Capitaines, représentées à l'Opéra-Comique

le 3 juin 1857. Le musicien a, comme toujours, déployé beaucoup de goût, de savoir et d'habileté. Il faut citer dans cette partition l'ouverture militaire, le refrain : *Vive le vin du Rhin!*

Élu membre de l'Académie des beaux-arts, en 1853, en remplacement d'Onslow, Reber était chargé d'une des classes d'harmonie du Conservatoire depuis 1851, Décoré de la Légion d'honneur en 1854, il remplaça Halévy comme professeur de composition musicale au Conservatoire, le 31 mars 1862. En 1871, il fut nommé inspecteur des Conservatoires de province.

Le savoir du professeur et le talent du compositeur justifient pleinement le choix qu'on a fait de lui pour remplir les diverses fonctions qui lui ont été confiées. Il y a lieu de regretter que les nombreuses occupations de l'auteur de *la Nuit de Noël* et des *Papillotes de M. Benoist* ne lui aient plus permis d'écrire de nouvelles partitions. Les élèves y ont gagné, mais les amateurs de musique symphonique y ont perdu.

Reber est mort en 1880. En dehors des partitions que nous avons signalées, il a laissé un *Traité d'harmonie.*

BERLIOZ.

BERLIOZ

Berlioz (Louis-Hector) est né à la Côte-Saint-André, département de l'Isère, le 11 décembre 1803.

Son père, médecin de quelque réputation, aurait désiré voir son fils suivre la carrière où lui-même s'était acquis une certaine notoriété. C'est pour obéir aux désirs de ses parents que le jeune Louis entra au lycée de Grenoble pour y faire ses humanités. Après d'assez bonnes études, il vint, en 1822, suivre à Paris les cours de l'école de médecine.

Dès son jeune âge, Berlioz avait montré pour la musique un penchant qui ne laissait pas que d'inquiéter sa famille, et qui menaçait de réduire à néant les rêves paternels. A Paris, le jeune étudiant abandonna souvent le bistouri pour l'archet et se montra plus assidu au théâtre qu'à la salle de dissection. Par respect pour ses parents, il dissimula ses véritables occupations et s'exerça en secret à la composition.

Doué d'une imagination vive, d'une sensibilité excessive, il se sentit attiré invinciblement par le génie musical ; il se passionna pour Gluck et déserta définitivement les bancs de l'école après quatre années d'études médico-musicales pour entrer au Conservatoire national que dirigeait alors le célèbre Cherubini. Admis dans la classe de Lesueur, le savant auteur des *Bardes*, Berlioz suivit les cours de contre-point et de fugue sous la direction de Joseph Reicha. Malgré des progrès rapides et une ténacité singulière, il échoua dans un premier concours de l'Institut. Il revint à la Côte-Saint-André où sa famille le reçut fort mal.

Pendant son séjour dans la maison paternelle, il y eut entre Berlioz et sa famille des luttes terribles dont il nous fait le récit dans ses *Mémoires autobiographiques*.

Il paraît difficile d'ajouter foi à tout ce qu'il raconte et le tableau de son martyre nous semble un peu chargé. Quoi qu'il en soit, grâce à son caractère fortement trempé et à son amour passionné pour son art, il sortit triomphant de la lutte. Il rentra à Paris avec la promesse d'une subvention mensuelle, que sa mère lui fit parvenir régulièrement pendant un an.

Le vieux docteur ne pouvait cependant pas se consoler de savoir son fils entré dans une autre voie que celle de la médecine. Pour essayer de le ramener à d'autres sentiments, on lui supprima les subsides qui jusqu'alors lui avaient permis de ne pas mourir de faim. On échoua devant son inébranlable volonté.

Pour vivre, Berlioz dut, après concours, entrer comme choriste au théâtre des Nouveautés, aux émoluments dérisoires de 50 fr. par mois. C'était peu, mais au moins c'était le pain quotidien !

A quelque temps de là, l'emploi ayant été supprimé, le jeune musicien dut courir les différents quartiers de Paris pour donner quelques leçons de solfège. Il enseigna aussi la guitare et la flûte, ses instruments de prédilection, les seuls dont il se servît en composant, et auxquels il resta constamment fidèle.

Pendant les loisirs que lui laissèrent ses leçons, il composa, sur un poème d'Humbert Ferrand, un de ses amis, un opéra intitulé *les Francs juges*, dont l'ouverture est demeurée célèbre. Puis vinrent successivement

Waverley, la Mort d'Orphée, huit scènes de Faust, la *Symphonie fantastique* et une fantaisie sur *la Tempête*, de Shakespeare.

Malgré un travail opiniâtre, et le produit d'un cours de guitare qu'il faisait dans un pensionnat de demoiselles, Berlioz était toujours pauvre. Mais heureusement pour lui, un de ses admirateurs, Augustin de Pons, lui prêta une somme de 1200 fr. qui lui permit de faire exécuter une *Messe* de sa composition à Saint-Roch et à Saint-Eustache.

Son nom commença dès lors à devenir célèbre, surtout quand, avec sa cantate sur *Sardanapale*, il obtint le premier prix au concours de l'Institut.

A la suite de ce succès, le lauréat partit pour l'Italie où il demeura dix-huit mois : il en rapporta des mélodies qu'il utilisa dans la suite.

Berlioz avait alors 27 ans. Une troupe d'acteurs de Londres était venue à Paris pour y jouer les chefs-d'œuvres du répertoire anglais. Notre compositeur assista à plusieurs représentations d'*Hamlet*, de Shakespeare, et remarqua une jeune actrice, Henriette Smithson, qui se faisait admirer dans le rôle touchant d'Ophélie, qu'elle jouait à ravir. Il l'épousa en 1833.

Après quelques essais infructueux, Berlioz composa la célèbre symphonie *Harold*, qui fut rendue supérieurement par Urhan, et valut à l'auteur de nombreux partisans et des ennemis tout aussi nombreux. La réputation de Berlioz commençait à s'étendre, mais la fortune réfusait de lui sourire. Pour subvenir aux besoins de sa femme et de son jeune enfant, il dut entrer comme critique musical au *Journal des Débats*.

Désireux d'affronter la grande scène de l'Opéra, Berlioz composa, sur un poème de Léon de Wailly et

Auguste Barbier, une œuvre considérable, *Benvenuto Cellini*, qui fut jouée le 3 septembre 1838. Les ennemis du compositeur redoublèrent leurs efforts, firent courir les versions les plus absurdes dans le public, qui non seulement se montra fort hostile, mais siffla les meilleures choses. Les exécutants eux-mêmes, sournoisement prévenus par Cherubini, rendirent la partition avec une nonchalance et un mauvais vouloir manifestes qui révoltèrent les auditeurs sérieux que la haine n'aveuglait pas.

Berlioz ne se tint pas pour battu : il lutta courageusement contre la malveillance de ses ennemis, et une polémique s'engagea, ardente et passionnée. Des brochures répondaient aux brochures, et Berlioz soutint vaillamment le choc de ses violents ennemis qui répétaient que la musique de Berlioz « faisait fuir jusqu'aux musiciens chargés de l'exécuter ».

Le vigoureux lutteur tomba malade : terrassé, mais non vaincu, il se releva et en appela au public. Il organisa un concert où il tint lui-même le bâton de chef d'orchestre. Paganini, le célèbre violoniste, était au nombre des auditeurs. Après l'exécution d'*Harold*, le grand artiste s'avança les larmes aux yeux vers le jeune compositeur, se prosterna devant lui et le proclama publiquement l'égal de Beethoven.

Ce concert fut un succès retentissant pour Berlioz et pour les idées qu'il préconisait. Cependant, notre jeune compositeur était resté pauvre. Paganini, touché de ses souffrances et de son pauvre intérieur, lui envoya une lettre d'encouragement renfermant une somme de 20.000 fr. qu'il était prié d'accepter à titre d'hommage rendu à son génie.

L'année suivante, le 24 novembre 1839, Berlioz fit exécuter au Conservatoire *Roméo et Juliette*, grande symphonic dramatique, sur la première page de laquelle il a écrit ces mots : *A Nicolo Paganini.*

Le 28 juillet 1840, à l'inauguration de la colonne de la Bastille, pendant que les cendres des combattants de Juillet renfermées dans 50 cercueils étaient transportées sur un char magnifique de l'église Saint-Germain-l'Auxerrois aux caveaux de la place de la Bastille, Berlioz fit exécuter une grande *Symphonie funèbre et triomphale*, que lui avait commandée pour la circonstance M. de Rémusat, alors ministre de l'Intérieur.

Un chœur qu'il fit exécuter à l'Opéra par un orchestre de 600 musiciens et le succès de son *Carnaval de Venise* lui rallièrent bien des convictions jusqu'alors indécises.

Cependant, l'envie n'avait pas désarmé et au milieu d'un concert de louanges bien méritées, quelques voix discordantes se faisaient encore entendre. Attristé par les injustices de ses compatriotes, Berlioz prit la résolution de voyager. Il reçut partout un accueil sympathique, et les ovations lui firent oublier les tristes cabales et les taquineries iniques de ses ennemis de Paris.

Il visita d'abord l'Allemagne, où il rencontra Mendelssohn et Meyerbeer. Ces trois grands hommes donnèrent dans les principales villes des concerts qui eurent un succès considérable. Dans une de ces fêtes musicales, Berlioz et Mendelssohn, rappelés par les applaudissements enthousiastes de l'auditoire, s'embrassèrent sur la scène et échangèrent leurs bâtons de mesure.

De retour à Paris, Berlioz organisa, à l'occasion de l'Exposition de 1844, un festival où fut chanté son *Hymme à la France*, par un chœur 1100 exécutants :

jamais on n'avait vu une semblable armée musicale manœuvrer avec un tel ensemble. L'effet produit fut grandiose.

En 1845, nous retrouvons Berlioz à Saint-Pétersbourg, où il fait jouer devant la cour son opéra de *Roméo et Juliette*. Il visite ensuite la Prusse, où il est décoré de l'ordre de l'Aigle noir, l'Autriche, la Hongrie, la Bohême, l'Angleterre, pour revenir ensuite à Paris, où il donna *la Damnation de Faust*, légende dramatique en quatre actes, et *les Troyens*, tragédie lyrique de proportions considérables. Beaucoup de musiciens s'accordent à reconnaître ces deux opéras comme les chefs-d'œuvre de l'auteur. Et pourtant, malgré les réelles qualités qu'ils renferment, ils tombèrent lourdement. Berlioz ne put se consoler de ces échecs et tomba dans une morne tristesse. Des deuils terribles, et surtout le mort de son fils Louis qu'il aimait passionnément, augmentèrent sa sombre mélancolie. Sa lyre était brisée : elle resta muette désormais.

Berlioz se tint opiniâtrement éloigné de la scène, et la prostration physique se joignant à la prostration morale, il contracta une maladie nerveuse qui inspira dès le début des craintes sérieuses à ses amis. Le mal fit des progrès rapides, et le *Journal officiel* du 10 mars 1869 publiait dans ses nouvelles et faits divers l'entrefilet suivant.

« Berlioz, l'auteur des *Troyens*, a succombé, hier « lundi, à la maladie qui le minait depuis longtemps « et qui inspirait à ses amis de vives inquiétudes. Une « aggravation sensible était survenue la veille. Berlioz « s'est éteint doucement et sans souffrance : il était « âgé de soixante-six ans. »

Telle fut la laconique oraison funèbre de cet artiste célèbre qui toute sa vie avait lutté pour le triomphe

d'une idée qu'il savait bonne, et qui depuis a fait son
chemin. Il a voulu démontrer que l'expression musicale peut être rendue sans paroles, sans gestes et sans
décors, l'intensité de la joie, de la douleur, de la terreur même ; choses que la sculpture, la peinture et la
littérature avaient seules exprimées jusqu'alors avec
quelque précision.

Berlioz ne fut pas seulement un musicien de grande
valeur, mais un écrivain dont la langue est nette, précise, pleine de verve et de pittoresque. Dans ses ouvrages de critique, on peut lui reprocher d'avoir été
quelquefois mordant et incisif.

Pour un grand nombre de ses opéras, Berlioz a
écrit lui-même les paroles et la musique. Il nous a
laissé des ouvrages de critique musicale et des Mémoires autobiographiques.

Berlioz était chevalier de l'Aigle noir de Prusse : il
avait été créé chevalier de la Légion d'honneur le 5
mai 1839 et officier du même ordre le 12 août 1864.

Nous terminerons cette notice biographique par
quelques lignes extraites d'un article consacré à l'auteur des *Troyens* par M. A. Ernst :

« Ce qui, chez Berlioz, demeure jeune et vivant à
jamais, c'est l'expression musicale qu'il a mise dans
ses œuvres, l'intensité des joies et des douleurs qui y
éclatent ; c'est la riche splendeur de ses grands paysa-
ges symphoniques, c'est le cri désespéré de Faust, la
tristesse de Marguerite abandonnée, la pieuse adoration
des anges devant l'oasis où l'enfant divin repose au
bras de la Vierge Marie ; c'est encore l'adieu de Didon
mourante, ou l'inexprimable hymne nocturne qui
chante à l'orchestre l'amour de Juliette et de Roméo.
Malgré des inégalités et quelques erreurs, Berlioz est
le plus grand des musiciens français. Son influence a

été considérable, encore que discutée violemment. Tous nos musiciens bénéficient au jour présent de la rude bataille qu'il livra : aussi, tous relèvent de lui, ceux-là même qui se défendent de l'imiter ou de l'aimer. »

DAVID

David (Félicien) est né au village de Cadenet (Vaucluse), le 8 mars 1810. Dès l'âge de quatre ans, son père, musicien assez distingué, lui apprenait à fredonner la gamme, et il sut solfier avant de connaître les lettres de l'alphabet. Devenu orphelin dès l'âge de cinq ans, il tomba dans la misère la plus complète, et fut confié aux soins d'une sœur aînée qui lui donna une petite place à son pauvre foyer.

Félicien avait une jolie voix et il chantait juste, ce qui lui permit de se créer quelques ressources. A sept ans et demi, il quittait son village pour entrer comme enfant de chœur à la maîtrise de l'église de Saint-Sauveur d'Aix. Dès lors, sa jeune âme s'éprit de la musique en entendant les flots d'harmonie qui remplissaient les voûtes de la cathédrale les jours de fêtes solennelles. Il se fit bientôt remarquer par l'intelligence avec laquelle il comprenait les œuvres des grands maîtres et par la façon dont il les interprétait. Il fit partie de la maîtrise jusqu'à quinze ans. Alors, grâce aux protections qu'il s'était faites, il entra gratuitement au collège des Jésuites. On faisait beaucoup de musique aux cérémonies religieuses et David y tenait le premier violon, ce qui permit de cultiver les heureuses dispositions dont l'avait doué la nature.

Après un séjour de trois ans au collège, entraîné par un instinct irrésistible vers la musique, il interrompit ses études et quitta le collège sans avoir réfléchi aux conséquences fâcheuses qui pouvaient en résulter pour lui. En effet, orphelin et pauvre, il n'avait aucun moyen d'existence. Pour vivre, il dut se mettre clerc d'avoué. Mais les notes qu'il rédigeait à l'étude ne convenaient pas à son génie naissant. Il quitta le papier timbré pour occuper le modeste emploi de second chef d'orchestre au théâtre d'Aix. Les émoluments étaient maigres, mais notre musicien se trouvait dans son élément.

En 1829, la place de maître de chapelle à la cathédrale d'Aix étant devenue vacante, David, aiguillonné par la nécessité, sollicita et obtint cet emploi : il revint à la musique religieuse après l'avoir quittée pour la musique profane. Toutefois, si ses fonctions le faisaient vivre, elles ne réalisaient pas le rêve de sa juvénile imagination qui lui faisait entrevoir Paris comme dans un mirage. Mais pour aller à Paris il faut beaucoup d'argent et David n'en a pas. Il s'arme de courage, et va trouver un de ses oncles, vieil et riche avare, pour essayer de l'attendrir. Peine perdue, le vieil Harpagon est intraitable. Enfin, après bien des négociations et bien des rebuffades, d'instantes prières suivies d'autant de persistants refus, le pauvre David finit par arracher au terrible avare la promesse d'un secours mensuel de cinquante francs. Il rassemble aussitôt quelques-unes de ses meilleures compositions, et muni du maigre viatique des cinquante francs de son oncle, il se met en route pour Paris.

En arrivant, il s'empresse d'aller voir Cherubini, le maître aussi brutal que savant, qui dirigeait alors le Conservatoire. Après avoir parcouru les partitions que David lui présentait avec la conscience d'avoir dépensé dans ces productions toute la somme de science

possible, il dit brusquement à l'ancien enfant de chœur :
« Vous ne savez rien. » Mais en continuant de feuille-
ter le paquet déposé sur sa table, l'austère musicien
se radoucit en jetant les yeux sur un *Beatus vir*, que
David avait composé pour la maîtrise d'Aix. Ce motet
sauva notre provincial qui fut admis au Conservatoire,
dans la classe d'harmonie de M. Millaud (1830). Il se
mit au travail avec acharnement et, pour faire des progrès plus rapides, il prit des leçons particulières près
de Reber. Il en était là de ses études quand l'oncle de
Provence lui coupa les vivres en supprimant tout à
coup la subvention mensuelle de cinquante francs.

Pour ne pas mourir de faim, David se mit à donner
à des prix infimes des leçons de solfège et de piano. En
décembre 1831, cet esprit, inquiet sur l'avenir et trou-
blé par les soucis du présent, quitta le Conservatoire
pour se joindre à la secte des Saint-Simoniens et vivre
dans leur thébaïde de Ménilmontant. Il composa des
chœurs à quatre voix d'hommes que les adeptes, ses
frères, chantaient pendant leurs récréations. C'est de
cette époque que datent *le Sommeil de Paris* et *la
Danse des Astres*.

En 1833, les Saint-Simoniens furent dispersés ; ils
se divisèrent en plusieurs groupes chargés de porter
dans les pays étrangers la connaissance du nouvel
évangile : nouvel apôtre, David fit partie du groupe qui
se dirigea vers l'Orient. Tout alla à peu près bien jusqu'à
Marseille ; mais à Constantinople le gouvernement turc
s'émut des doctrines nouvelles apportées par ces Occi-
dentaux et fit incarcérer les novateurs. Rendus à la liberté, ils furent conduits à Smyrne, où David se sépara
de ses compagnons : il s'embarqua à Beyrouth pour
l'Europe, traversa l'Égypte, notant sur son passage les
cantilènes des pays qu'il traversait, et après une absen-

ce de trois ans il rentra à Paris. Il fit paraître aussitôt *les Mélodies orientales*, souvenirs de ses pérégrinations, qui furent mal accueillies. Consterné, David quitta de nouveau Paris et alla demander asile à un ami à la campagne ; il resta plusieurs années dans l'isolement et le travail. En 1838, il fit exécuter au théâtre Valentino une symphonie à grand orchestre et, en 1839, un nonetto au concert Musard, qui lui assurèrent un succès d'estime, mais non un de ces triomphes qui décident de l'avenir d'un artiste. Des mélodies de divers genres, *le Pirate*, *l'Ange rebelle*, *les Hirondelles*, furent aussi bien accueillies, mais sans lui procurer de quoi vivre indépendant.

Après une longue série de travaux infatigables, de luttes incessantes et d'amères déceptions, David s'en allait, découragé, vendre à l'épicier les feuilles de sa partition du *Désert* lorsqu'il se ravisa. Une dernière fois, il tenta la fortune et porta son ode-symphonie au Conservatoire, où elle fut exécutée le 8 décembre 1844. Ce fut un triomphe. Cette œuvre ne souleva pas simplement l'admiration, mais un véritable fanatisme. La glace était rompue, le succès arrivait enfin.

David avait des dettes ; pour les solder il vendit immédiatement pour 1.200 fr. la magnifique partition du *Désert* et voyagea de nouveau. Froidement accueilli en Allemagne, il revint à Paris et donna, le 24 mars 1846, son *Moïse au Sinaï* et *Christophe Colomb*, le 7 mars 1847. Cette dernière œuvre ayant été exécutée dans un concert, aux Tuileries, Louis-Philippe manifesta sa satisfaction à l'auteur en le décorant de sa propre main.

L'année 1848 fit naître *l'Éden*, un véritable chef-d'œuvre, représenté le 23 juin 1848. Mais les esprits, à cette époque étaient plus occupés de politique que de musique et *l'Éden* tomba sous la préoccupation causée

par les barricades et le bruit du canon de la guerre
civile. Malgré les réelles beautés qu'elle renferme,
cette pièce n'a pas reparu depuis sa chute.

Quand le calme fut rétabli, Félicien David écrivit
pour le Théâtre-Lyrique *la Perle du Brésil*. Ce fut
une éclatante revanche : Auber et Meyerbeer saluè-
rent de leurs applaudissements l'auteur de cet opéra
remarquable. De ce moment, David marcha d'un pas
ferme dans la voie des succès. Nous citerons surtout ses opéras d'*Herculanum*, de *Lalla-Rouck* et de
Saphir.

Le compositeur était arrivé à la gloire, mais non à
la fortune. Après la représentation d'*Herculanum*, il
se trouvait dans une mauvaise situation pécuniaire.
L'empereur l'ayant appris lui fit une pension de 2.000 fr.
sur sa casette privée et lui envoya la croix d'officier de
la Légion d'honneur (1862). L'Académie lui a décerné
le prix de 20.000 fr. dont elle dispose, et en 1869 l'auteur d'*Herculanum* était nommé bibliothécaire du
Conservatoire en remplacement de Berlioz, et membre
de l'Institut. Il est mort à Saint-Germain, le 29 août
1876.

On reproche à David l'abus de l'orientalisme, dont
toutes ses compositions portent plus ou moins le cachet ;
mais l'auteur a su garder son individualité propre et
une grande originalité dans toutes ses productions : il
n'a imité ni copié personne ; il est resté lui, il n'a ni
prédécesseur ni imitateur, et en raison de ce fait assez
rare il mérite de figurer au nombre des gloires musicales de la France.

En dehors des œuvres théâtrales que nous avons mentionnées au passage, David a écrit soixante romances,
nocturnes et mélodies ; vingt-quatre quintetti pour instruments à cordes ; douze mélodies pour violoncelle et

piano ; *la Ruche harmonieuse*, collection de trente chœurs à quatre voix d'homme ; *les Brises d'Orient, les Minarets, les Perles d'Orient*, mélodies pour piano, et un recueil de mélodies pour voix avec accompagnement de piano.

BOCOURT
BAZIN.
JOURFUS

BAZIN

—

Bazin (François-Emmanuel-Joseph) est né à Marseille,
le 4 septembre 1816. Son père, chef de division à la
préfecture des Bouches-du-Rhône, témoin des heureuses dispositions que le futur compositeur montrait
de bonne heure pour la musique, après lui avoir procuré une solide instruction, lui fit suivre les cours de
l'école de musique de Marseille, récemment créée, et
confia son éducation artistique au fondateur-directeur
M. Barsotti.

Sous la direction de ce maître habile, le jeune Bazin
ne trompa point les espérances que ses débuts avaient
fait naître ; il fit de rapides progrès et à l'âge de dix-
huit ans, le 18 octobre 1834, il était admis comme
élève au Conservatoire de musique de Paris, où il étudia l'orgue avec le professeur Benoist, pendant que
Berton, Dourlen, Lecouppey et Halévy l'initiaient à
l'art difficile de la composition.

A Paris, comme à l'école de Marseille, Bazin travailla avec ardeur et au bout de deux ans de séjour
dans la capitale, il remportait le premier prix d'harmonie et d'accompagnement pratique (1836). L'année
suivante il était nommé professeur adjoint de la classe
qu'il venait de quitter comme élève, en même temps
qu'il gagnait le second prix d'orgue et le premier prix
de contre-point et de fugue.

En 1839, il fit paraître une cantate qui appela sur

lui l'attention de l'Institut et lui valut le second prix de
composition. Redoublant d'efforts, il remporta, l'année
suivante, le grand prix de Rome, en même temps qu'il
obtenait le premier prix d'orgue. C'est *Loyse de Mont-
fort* qui lui valut le premier rang au concours de l'Institut. Cette cantate eut les honneurs extraordinaires
d'une exécution publique, le 7 octobre 1840, trois jours
après l'audition par le jury à l'Académie des beaux-
arts, à l'Opéra.

Un journal de l'époque, sous la signature de Ch.
Maurice, rend compte de l'exécution de cette cantate.
« Elle a été écoutée avec tout l'intérêt que peut ins-
pirer, sur un théâtre, une œuvre de cette nature. Ce
n'est point là le lieu pour lequel elle avait été faite. On
ne lui avait demandé que de donner une idée, aussi
exacte que possible, des dispositions de son auteur et de
fournir un prétexte à la concession du *grand prix*, dont
le but est de faire sortir un homme de la foule pour le
placer sur le chemin qui conduit à la gloire. Cet espoir
s'était complètement réalisé dans le dernier exercice
du Conservatoire. A la séance de l'Institut, le cadre
s'élargissant déjà, l'ouvrage avait laissé quelque chose
à désirer, parce que le vrai public était là ; tandis qu'à
la première épreuve, la science seule avait jugé, par
l'entremise des professeurs, et l'amitié, par l'entremise
de la famille. A l'Opéra, c'était bien différent ! Il s'agissait
d'une première représentation. Il y avait un théâtre,
des acteurs, des costumes et tout ce qui constitue une
solennité dramatique. L'espace était considérable pour
n'y exécuter qu'une scène lyrique, et il était à craindre
que le contenu ne parût un peu étriqué dans un conte-
nant de cette dimension. Le musicien perdait donc,
selon nous, plutôt qu'il ne trouvait des avantages dans
cette exhibition théâtrale : ce que de près on juge mé-

lodieux, expressif, bien écrit et bien facturé, de loin peut paraître petit, étroit, monotone et d'une ordinaire simplicité. *Loyse de Monfort*, sans avoir totalement échappé à ces risques, a réussi, surtout auprès des connaisseurs, qui ont su gré à M. Bazin d'un style large, correct et de plusieurs inspirations fort heureuses, surtout dans le rôle de Loyse, chantée par Mme Stolz.

De 1841 à 1844, Bazin séjourna à Rome où il s'inspira des grands maîtres italiens. Un travail incessant donna à son talent plus de vigueur et de maturité. Dans ses moments de loisir, il composa et fit exécuter à l'église Saint-Louis-des-Français une messe solennelle qui fut très remarquée. Il composa pour la Société philarmonique romaine un *Super flumina Babylonis* qui fut fort applaudi.

De retour en France, où la renommée l'avait précédé, Bazin fut nommé professeur de solfège et ensuite professeur d'harmonie au Conservatoire. A partir de 1846, parurent, à peu d'intervalle, *le Trompette de Monsieur le Prince*, *la Maison du rempart*, *l'Ambassadrice*, *le Malheur d'être jolie*, *la Saint-Sylvestre*, *la Garde de nuit*, *Madelon*, *Maître Pathelin*, *les Désespérés*, *le Voyage en Chine*.

Bazin a aussi donné un *Cours d'harmonie théorique et pratique* et un *Cours de contre-point et de fugue* à l'usage des élèves du Conservatoire. Ces ouvrages sont bien faits et d'une incontestable utilité.

Jusqu'au 2 juillet 1878, date de sa mort, Bazin demeura sociétaire de l'Académie de Sainte-Cécile et de l'Académie philarmonique de Rome, membre de la Commission de surveillance pour l'enseignement du chant dans les écoles communales de la ville de Paris, et membre de l'Institut où il avait remplacé Carafa.

Aussi modeste que distingué, Bazin a laissé les

meilleurs souvenirs parmi tous ceux qui l'ont connu.
Nous citerons en terminant une appréciation de Bazin
émanant de la plume autorisée de M. Henri Blanchart :
« M. Bazin sait son métier, ou pour mieux dire son
art ; car sa mélodie est distinguée, son harmonie est
pure et bien choisie, son instrumentation bien sonnante,
sa déclamation vraie comme celle de presque tous nos
compositeurs français ; ses morceaux ont la mesure
voulue pour ne pas entraver l'action dramatique, ils
ont de la chaleur ; mais cette chaleur n'est pas la verve,
l'originalité qui proviennent d'une imagination créatrice
et vous font de prime abord une individualité. La mélodie de M. Bazin est alerte et vive, comme celle de la
plupart des compositeurs qui ont obtenu le prix de
Rome. La manière de ce maître est coquette et charmante. »

MAILLART

Maillart (Louis-Aimé) naquit à Montpellier, le
24 mars 1817. Après avoir été comédien en province,
son père était venu fonder à Paris une agence d'affaires
théâtrales. Le jeune Maillart vécut donc dans la maison
de son père en contact continuel avec des artistes et le
sentiment dramatique se développa de bonne heure en
lui à un haut degré.

Il entra au Conservatoire de Paris et suivit le cours
de violon de M. Guérin, le cours d'harmonie et de
contre-point de M. Elwart, en même temps qu'il étudiait la fugue et la composition avec M. Leborne. Grâce
à un travail assidu, il obtenait le prix de fugue en 1838
et le premier grand prix de composition en 1841, avec
sa cantate *Lionel Foscari*. Par la suite, Maillart ne justifia pas les belles espérances qu'avaient données ses
débuts. Il était riche et n'avait pas besoin de son talent
pour vivre : il ne travaillait que par boutades ; il y a lieu
de le regretter ; en entendant les beautés dont il a
émaillé quelques-uns de ses opéras, on ne peut se
défendre de penser qu'avec un peu de ténacité au travail, ce musicien eût pu produire des chefs-d'œuvre.

Après un séjour de deux ans à Rome et un voyage
en Allemagne, il aborda la scène pour la première fois
lors de l'inauguration de l'Opéra-National, fondé par
Adolphe Adam, avec *Gastibelza,* opéra en trois actes,
joué le 15 novembre 1847. Cette pièce eut un succès

légitime et plusieurs airs devinrent bientôt populaires, entre autres celui de la ballade commençant par ces mots :

> Le vent qui souffle à travers la montagne
> Me rendra fou.

Deux ans plus tard, le 9 novembre 1849, Maillart fit représenter à l'Opéra-Comique *le Moulin des Tilleuls*, partition idyllique en un acte, sans grande importance, et dont tout l'intérêt réside dans le contraste d'une bruyante musique militaire et d'une suave mélodie champêtre.

La Croix de Marie, opéra en trois actes, donné le 10 juillet 1852, fut médiocrement accueilli : c'était justice. Mais quatre ans plus tard, le 19 septembre 1856, l'auteur de *Gastibelza* se releva en donnant au Théâtre-Lyrique *les Dragons de Villars*, opéra en trois actes. Cette partition eut un succès retentissant ; on y rencontre des mélodies charmantes et des beautés d'un ordre très élevé ; on remarque surtout dans la prière *Soutien de l'innocent*, l'andante : *Espoir charmant ! Sylvain m'a dit : je t'aime* ; l'allégretto : *Ah ! voyez, voyez cette figure* ; la cabalette : *Oui, c'est moi qu'il a choisie* ; le duo : *Quelle folie, moi jolie !* les couplets de la *Cloche* ; le chœur : *Heureux enfants de la Provence* ; le cantabile du 3ᵉ acte : *Il m'accuse ! il me croit coupable.* Tout le monde connaît la ravissante romance de *Sylvain* :

> Ne parle pas, Rose, je t'en supplie,
> Car me trahir serait un grand péché.
> Nul ne connaît le devoir qui me lie
> Ni le secret, en mon âme caché ;
> Mais quand l'hiver, brisant le nid fragile,
> Chasse l'oiseau vers de lointains climats,
> Si ton cœur pense au malheur qui s'exile
> Ne parle pas, Rose, ne parle pas.

Dieu nous a dit : « Dans ton humble demeure
Garde une place au pauvre, à l'orphelin,
Donne au vieillard, à la veuve qui pleure,
Avec amour la moitié de ton pain ! ·»
Si tu l'as fait, si, quand la cloche tinte,
A l'angélus ta voix répond tout bas,
Et si tu crois à la parole sainte :
Ne parle pas, Rose, ne parle pas !

Dans *les Dragons de Villars* on trouve de l'élan, de la passion, du talent, mais, en toute justice, il faut ajouter que plusieurs passages dénotent aussi de la part de l'auteur une funeste tendance à l'exagération et à un déploiement de vigueur parfois hors de propos. Maillart a subi, peut-être sans le vouloir, l'influence de Wagner; nous ne pouvons que le regretter, car ses autres productions portent, bien autrement marquée, la trace de cette influence.

Les Pêcheurs de Catane et *Lara* ont un cachet wagnérien très prononcé. Ces deux partitions, la dernière surtout, ont été des succès, sans doute, mais ils eussent été plus grands sans les nombreuses réminiscences de la manière du compositeur allemand

D'une constitution délicate, dépourvu d'ambition et jouissant d'une grande aisance, Maillart travailla peu; il se laissa aller aux jouissances qu'engendre l'oisiveté opulente et compromit sa santé qui avait toujours été chancelante. Il alla demander des forces au soleil du midi et partit pour Antibes en 1870. Ce fut en vain et il mourut à cinquante-trois ans, le 20 mai 1871, à Moulins (Allier), chez son ami le docteur Chomet.

MASSÉ.

MASSÉ

Massé (Félix-Victor-Marie) est né à Lorient (Morbihan), le 7 mars 1822. Ses parents, ayant quitté la Bretagne pour venir se fixer à Paris, le placèrent, à l'âge de neuf ans, dans l'*Institution de musique classique et religieuse*, fondée et dirigée par Choron.

C'est là que le jeune Massé apprit à connaître les premiers rudiments de l'art qu'il devait plus tard illustrer. Ayant montré au début des dispositions heureuses pour la musique, il entra au Conservatoire à l'âge de douze ans : il suivit la classe de Zimmermann pour le piano et remporta rapidement le premier prix sur cet instrument, en étudiant l'harmonie dans la classe de Dourlens. Plus tard, il travailla le contre-point et la fugue avec Halévy et, toujours aidé des conseils de Zimmermann, qui l'entourait d'une affection toute paternelle, il se prépara au grand concours de l'Institut. Il se présenta en 1844 et remporta le premier grand prix de composition musicale.

Envoyé à Rome comme pensionnaire du Gouvernement, il demeura deux ans dans cette ville et visita ensuite l'Italie et l'Allemagne. De retour à Paris en 1847, avec quelques compositions de peu d'importance sur *des Orientales* de Victor Hugo, Massé commença à se faire connaître en écrivant deux séries de mélodies sur des poésies de Desportes, Ronsard, Théophile de Viau, Malherbe et Musset. Ces compositions attirèrent sur lui l'attention du public, et son nom devint tout à fait populaire lorsque, le 26 novembre 1850, l'Opéra-Comique donna sa *Chanteuse voilée*. Ce petit opéra en un acte, essayé timidement comme lever de rideau, devint un succès pour l'auteur, tant la musique était gracieuse, jeune, fraîche et vivante. On remarque surtout dans l'ouverture un solo de cornet à pistons d'une grande suavité, un joli boléro et un allégro d'un caractère original et d'un cachet espagnol plein d'entrain.

L'année suivante parurent *les Noces de Jeannette :* ce fut un nouveau succès. Cette gentille opérette en un acte est un petit chef-d'œuvre, tout rempli de gracieuses mélodies qui devinrent rapidement populaires : On cite surtout la charmante romance : *Cours, mon aiguille, dans la laine.* Le 14 avril 1852, l'Opéra-Comique représenta *Galathée*, qui remporta une victoire décisive. Mme Ugalde, qui tenait le principal rôle, a fait preuve d'un rare talent. L'air de la coupe eut un énorme succès :

> Ah ! verse encore
> Vidons l'amphore !

Les années 1854 et 1855 virent paraître *la Fiancée du Diable, la Favorita e la Schiava* (la Favorite et l'Esclave), *Miss Fauvette* et *les quatre Saisons*, qui eurent des fortunes diverses. Toutes ces pièces renfermaient de beaux passages mis en relief par le talent des artistes de cette époque, mais elles n'ont pas procuré à l'auteur un succès comparable à celui des *Noces de Jeannette.*

La Reine Topaze, parue en 1856, fut un triomphe pour Massé. Voici ce que dit Félix Clément en parlant de cette partition : « Elle se compose d'un grand nombre de morceaux parmi lesquels on en distingue cinq qui ont particulièrement fixé l'attention soit par leur

mérite intrinsèque, soit par la brillante exécution de
Mme Mianlan-Carvalho, qui a déployé dans le rôle de la
reine Topaze toutes les merveilles de son organisation
vocale et de son talent. L'ouverture a une sonorité
étrange, bien appropriée à une action qui se passe au
milieu d'une tribu de bohémiens.

« Le motif du petit sextuor : *Nous sommes six seigneurs*, est une belle inspiration. L'air de *l'Abeille*, indé-
pendamment de la mélodie qui est gracieuse, est accompagné ingénieusement par un trémolo de violons à
l'aigu ; l'effet de ce procédé est charmant.

« Le boléro déjà entendu dans l'ouverture est chargé
de vocalises qui ont été l'occasion d'un nouveau triomphe pour la cantatrice.

« On a intercalé dans le second acte de l'ouvrage l'air
du *Carnaval de Venise*, avec les variations de Paganini.
Mme Carvalho les a exécutées avec une facilité, une
ténuité de sons, une finesse de détails tout à fait extraordinaires. Enfin au troisième acte, il y a un trio scé-
nique bien réussi entre Annibal et les deux bohémiens. »

Massé ne retrouva que bien tard, malgré de réels
efforts et des conceptions parfois remarquables, le brillant succès que lui avait valu *la Reine Topaze*. *Les
Chaises à porteurs* furent accueillies très froidement ;
la Fée Carabosse tomba, et *la Mule de Pedro* n'eut que
trois représentations au Grand-Opéra.

Après trois ans de silence, le compositeur donna
Fior d'Aliza. On espérait une revanche des insuccès
précédents : il n'en fut rien. Malgré des mélodies charmantes, pleines d'esprit et de sentiment, et fort
applaudies, la pièce ne put tenir longtemps la rampe.
Massé ne fut pas plus heureux avec *la Fille du Bri-
gadier*.

La mauvaise fortune semblait s'acharner contre lui,

et pour comble de malheur, il fut atteint par un commencement de paralysie qui s'aggrava plus tard et le
cloua sur une chaise-longue pendant six ans. Massé
était de la race des lutteurs, il ne se découragea pas;
il lutta victorieusement contre la déveine et contre le
mal et produisit un chef-d'œuvre : *Paul et Virginie*,
qui fut reçut avec les démonstrations les plus sympa-
thiques.

Cependant la paralysie faisait des progrès et notre
compositeur ne quittait plus le lit. Il avait cependant
conservé toute la lucidité de son esprit, toute la vigueur
de son intelligence, et c'est appuyé sur des coussins,
entouré des soins affectueux de ses deux filles, qu'il
écrivit un nouveau chef-d'œuvre : *une Nuit chez Cléopâtre*, composition bien digne de ses aînées et bien faite
pour servir à sa gloire, mais dont, hélas ! il ne devait
pas voir la première représentation. Malgré les soins
dévoués qui lui furent prodigués avec la plus tendre
sollicitude, Massé s'éteignit en 1884.

Ce savant compositeur avait occupé pendant longtemps les fonctions de chef de chant à l'Opéra et de
professeur de composition au Conservatoire. Depuis
1872, il occupait le fauteuil d'Auber à l'Institut.

Le 3 septembre 1887, l'*Association bretonne-angevine*
a fait placer sur la maison qui a vu naître Massé, 17,
rue du Marché, à Lorient, une plaque commémorative
avec l'inscription suivante :

« *L'Association bretonne-angevine, pour honorer la
mémoire de Victor Massé, a posé cette plaque sur sa maison natale.* »

A l'inauguration de cette plaque commémorative,
M. Jules Simon, membre de l'Académie française,
compatriote et ami de Massé, a prononcé un éloquent
discours que nous voudrions pouvoir reproduire en

entier. Nous nous bornerons à citer les passages les plus remarquables.

« J'ai été l'ami de Victor Massé! Son ami? Nous sommes tous les amis de Victor Massé! Il a des amis dans le monde entier. C'est le beau privilège des musiciens. Pour admirer le chef-d'œuvre d'un statuaire, il faut le chercher dans la ville qui le possède. La musique, au contraire, vient à nous. Il n'est pas même besoin d'entrer dans un théâtre pour connaître *Galathée, les Noces de Jeannette, la Reine Topaze, Paul et Virginie, une Nuit de Cléopâtre*. Il n'y a pas d'orchestre qui ne soit tributaire de Victor Massé. On le chante dans les salons, on le chante aussi dans la rue. Personne ne peut entendre sa musique sans la trouver aimable, et on ne peut aimer sa musique sans l'aimer lui-même, car il y a mis tout son cœur.

« Je me garderai bien de faire aujourd'hui l'éloge de ces belles œuvres. Peut-être l'aurais-je fait, tant l'ignorance est présomptueuse, si nous n'avions ici deux grands musiciens et un grand critique. Ils apportent des leçons, je ne pourrais apporter que des bravos. La musique n'est pas seulement un art ; c'est une science. On est un musicien charmant ou puissant quand la nature l'a voulu ; on est un musicien savant quand on a eu le courage d'étudier la musique comme une science abstraite. J'honore infiniment cette science-là comme toutes les autres.

« J'ose dire qu'elle mérite surtout notre admiration et notre reconnaissance parce qu'elle donne à l'art plus d'éclat et de solidité. Victor Massé était très savant, mais il ne faisait pas de musique scientifique. Il se servait de sa science sans la montrer. Il pensait, l'humanité a toujours pensé et elle pensera toujours que le véritable musicien est celui qui chante.

« Nous voudrions tous pouvoir dire que la vie de Victor Massé a été une suite de joies et de triomphes. Il semble que ceux qui nous donnent tant de plaisir ne devraient jamais sentir la douleur. Il était fait pour être heureux. La nature lui avait donné un extérieur aimable, une belle voix, ce qui est un beau cadeau à faire à un musicien, une facilité extrême pour apprendre, le goût du travail, la passion de son art, une imagination puissante, et par-dessus tout, ce qui complète l'artiste de cœur, beaucoup de cœur. Il eut les meilleurs maîtres, et il fut le meilleur élève de ses maîtres, partout acclamé, admiré et aimé. Il remporta le grand prix de Rome à vingt-deux ans. De retour à Paris, il n'attendit pas plus de quatre ans pour avoir une pièce de théâtre. Il débuta par un succès, *la Chanteuse voilée*. Il eut coup sur coup deux triomphes : *Galathée* et *les Noces de Jeannette*. Il était populaire à trente-deux ans. C'était réussir trop tôt. On s'habitue aisément au succès. Un temps d'arrêt, s'il se produit, et il se produit toujours, est douloureux pour les orgueilleux et inquiétant pour les modestes. Ni *les Saisons*, ni *Fior d'Aliza* ne furent mis par le public à leur véritable place. Certaines natures ombrageuses et délicates souffrent plus d'un caprice de la foule qu'elles ne jouissent de ses caresses. Il avait beau sentir que son inspiration, sans rien perdre de sa grâce, prenait une ampleur nouvelle, il ne retrouva que deux fois le succès de *Galathée* dans *la Reine Topaze* et dans *Paul et Virginie*. Il n'a pas assisté au triomphe de sa *Cléopâtre*.

« Il fallait vivre, au milieu de ses luttes, et faire vivre sa famille. On croit que la gloire apporte avec elle tout le reste. Il n'en est rien. Quand elle ne vous enrichit pas, elle vous ruine sans miséricorde. Vous devenez la providence de tous ceux qui ont besoin d'un

appui, et vous ne savez pas refuser, parce que, vous
aussi, vous avez souffert. Victor Massé était obligé de
donner des leçons au cachet, d'être professeur dans un
pensionnat. Ce n'est pas un malheur d'enseigner son
art, mais, pendant qu'on l'enseigne, on ne le pratique
pas. Le maître, en rentrant, le soir, épuisé par ses
leçons, se dit qu'il avait quelque chose là! Il accepta la
place de chef des chœurs à l'Opéra : une place d'honneur, puisqu'elle a été occupée, avant et après lui, par
de très grands musiciens, — je ne cite que ceux qui
sont morts : Hérold et Fromental Halévy, — mais un
métier terrible quand on y apporte la passion que Victor
Massé mettait à l'accomplissement de tous ses devoirs.
C'est lui qui présida, comme chef des chœurs de l'Opéra,
aux études du *Tannhæsér*. Il travaillait à la gloire des
autres. Il en jouissait, parce qu'il avait l'âme généreuse.
Et il en souffrait en même temps, par de cruels retours
sur lui-même.

« L'Académie des beaux-arts lui donna une grande
joie quand elle le choisit pour occuper le fauteuil d'Auber. Il eut le droit de penser que le public tout entier,
en y comprenant les musiciens, aurait voté pour lui.
Ce grand artiste n'avait que des admirateurs ; cet excellent homme n'avait que des amis. Ce fut son dernier
beau jour. Sa santé commença à s'altérer sous le poids
d'un travail ingrat et d'inquiétudes croissantes. Pendant
plus de six ans, il resta cloué sur son lit, le corps para-
lysé et la tête saine. Il se faisait porter sur le théâtre
aux répétitions de *Paul et Virginie*, et là, étendu sur
une chaise longue, les jambes ensevelies sous des cou-
vertures, dirigeait tout. A la première représentation,
on avait le cœur partagé entre l'émotion que ses chants
faisaient naître et la pitié qu'on éprouvait pour lui-même.

« On savait que sa maladie était incurable. Il l'a su

pendant six ans ! Et pensant à ses affaires délabrées, à l'avenir de sa femme et de ses deux filles, à son travail interrompu dans le plein développement de son génie, il avait l'âme plus torturée que le corps. Sa femme tomba malade à son tour. Il se passait alors dans cet intérieur si éprouvé des scènes dignes d'admiration, de respect et de pitié. La fille aînée, celle qui était mariée, écartait de lui tous les soucis matériels, en lui cachant, dans sa généreuse et délicate tendresse, les services qu'elle lui rendait ; son autre fille se partageait entre les deux lits, suffisant à tant de travail avec cette force étrange qui prend sa source dans un grand cœur. Pourquoi ne le dirais-je pas, au risque de leur déplaire, en ce jour glorieux ? Ce n'est pas d'elles que je parle, c'est de lui, qui s'était fait tant adorer. Il fut doux envers la mort, quoiqu'elle fût si lente à venir. Il se rattachait à la vie par ses deux grands amours : ses enfants et sa *Cléopâtre*. Quand il eut écrit sa dernière note, il regarda ses filles en souriant. « A présent, tout est prêt, dit-il, on peut la jouer sans moi. » Il cachait sa douleur pour ne pas augmenter la douleur de ceux qu'il aimait. Toutes ces âmes d'élite passaient leur temps à se tromper mutuellement. Il est mort entouré de ses enfants, la main sur son manuscrit, qui ne le quittait jamais, et en se disant, dans un suprême élan de tendresse et de légitime orgueil : « Elles jouiront de ma gloire ! »

Le lendemain, 4 septembre, la ville de Lorient, qui a élevé une statue à l'héroïque enseigne de vaisseau Bisson, et qui se propose d'en élever une au charmant poète Brizeux, a inauguré la statue de Victor Massé, œuvre du sculpteur Antonin Mercié. Le piédestal, en granit de Bretagne, a été donné par la ville et le marbre a été offert par l'État.

La statue est sur *la Bove*, la plus belle promenade
de la ville : le compositeur est représenté assis sur un
tertre, la tête penchée en avant comme pour écouter ;
de la main gauche, qu'il étend, il semble imposer
silence à ce qui l'entoure ; un crayon dans la main
droite, il s'apprête à noter l'impression qui lui vient.

Le sculpteur a groupé sur le piédestal autour de la
statue, quelques allégories discrètes : un oiseau qui
chante, une gerbe de blé, un bas-relief antique brisé,
une vague et un lotus qui représentent à l'esprit du
passant *les Noces de Jeannette, les Saisons, Galathée,
Paul et Virginie, Cléopâtre.*

La cérémonie de l'inauguration avait attiré à Lorient
une affluence considérable. De nombreux discours ont
été prononcés. Nous sommes heureux de donner quelques extraits de l'allocution prononcée par M. Léo
Délibes, délégué par le Gouvernement et par l'Institut
pour porter la parole en cette circonstance.

« Délégué par M. le Ministre de l'Instruction publique, a-t-il dit, je dois cette faveur, dont mes confrères seraient plus dignes que moi, à ma situation
particulière. J'ai eu l'honneur, à l'Institut, de succéder à Victor Massé, et j'ai eu le bonheur d'être son
ami. Pour parler de lui, je n'ai qu'à écouter des souvenirs dictés par le cœur. La destinée a de singulières
surprises. Qui m'eût prédit qu'un jour j'aurais la tâche
si douce et si flatteuse, d'honorer publiquement, au
moment où, pour lui, la postérité commence, celui qui
m'accueillait, tout enfant, il y a près de quarante ans,
dans une classe élémentaire, au Conservatoire ! C'est
à partir de ce moment que j'ai appris à le connaître,
à l'aimer, à m'associer aux joies et aux luttes de sa vie
d'artiste, et aujourd'hui je puis à peine maîtriser mon
émotion quand j'assiste à la glorification, dans sa

ville natale, de notre cher et illustre Victor Massé.

« Quelle variété d'invention, quelle abondance mélodique ! Certes, ce titre de mélodiste, nul mieux que Victor Massé ne l'a mérité. Combien en a-t-il prodigué de ces motifs caractéristiques qui captivent la populace, tout en charmant les délicats ! C'est ce don inné, c'est cette qualité générale qu'il possédait à un haut point. Je retrouve comme un résumé des faces si variées de son talent quand je porte les yeux sur ce marbre inspiré où un autre grand artiste français a fidèlement retracé les traits et jusqu'à l'allure du maître.

« Assis sur ce tertre, il semble écouter des bruits lointains : c'est le chœur de *Galathée* qui s'exhale pour lui d'un bas-relief antique; c'est le rossignol des *Noces de Jeannette*, qui module sa chanson ; ce sont les blés jaunissants qui lui parlent des *Saisons ;* c'est le lotus de *Cléopâtre*, et enfin l'âme de *Virginie*, portée par une vague qui vient mourir à ses pieds ; le domaine de l'art s'enrichit de toutes les conquêtes de la pensée.

« Mais si nous devons en respecter les manifestations, d'où qu'elles viennent, combien, dans le fond de notre cœur, devons-nous admirer davantage ceux des nôtres dont la gloire personnelle vient encore accroître la gloire artistique de notre pays ! C'est pour cela que nous revendiquons Victor Massé ! Il est à nous, bien à nous, et nous sommes fiers de le compter parmi les plus inspirés des compositeurs français.

« La ville de Lorient, que je remercie au nom du Gouvernement et au nom de l'Académie des beaux-arts, honore en même temps son illustre enfant et l'art français : cet art toujours triomphant, même à nos heures d'épreuves, et qui brille d'un pur éclat sur notre chère patrie. »

BIZET.

BIZET

Bizet (Alexandre-César-Léopold), connu sous le nom de *Georges*, est né à Paris, le 25 octobre 1838. Son père était un professeur de chant d'un certain renom ; le goût de la musique s'éveilla de bonne heure chez le futur compositeur. Dès l'âge de neuf ans, et après des études exceptionnellement brillantes, il était admis au Conservatoire. Il étudia le piano avec Marmontel, le contre-point avec Zimmermann, et la composition avec Halévy. Ses progrès furent extrêmement rapides : six mois après son arrivée à la grande école de musique, il remportait le prix de solfège. Chacune des années suivantes fut marquée par un prix jusqu'à l'année 1857, où il remporta le grand prix de Rome, avec une cantate intitulée *Clovis et Clotilde*. Il avait seulement dix-neuf ans.

La carrière musicale de Bizet s'ouvrait donc sous de brillants auspices. Il partit pour Rome, après avoir remporté, avec *le Docteur Miracle*, le prix du concours d'opérette organisé par Offenbach. Pendant son séjour dans la Ville des Papes, il envoya à l'Académie *don Procopio*, aujourd'hui perdu, *Vasco de Gama*, symphonie avec chœur, et *la Guzla de l'Émir*, opéra-comique.

A son retour en France, il se lia intimement avec M. Carvalho, directeur du Théâtre-Lyrique, qui lui commanda un grand opéra. Bizet se mit au travail avec acharnement : pour se consacrer entièrement à son œuvre, il arrêta les répétitions de *la Guzla de l'Émir*, qui allait être jouée salle Favart, et il donna, le 25 septembre 1863, *les Pêcheurs de Perles*, qui ne réussirent qu'à demi. La partition de *la Jolie fille de Perth* (26 décembre 1865) ne fut pas mieux accueillie.

Le jeune compositeur ne se découragea pas ; il se recueillit, travailla avec courage et après un silence de cinq ans, il fit jouer la même année *Djamileh* (22 mars 1872), « exquise partition d'une intense coloration, écrite avec un parti pris d'excessives recherches harmoniques » et *l'Arlésienne* (1ᵉʳ octobre 1872), admirable partition de musique de scène écrite pour le drame provençal d'Alphonse Daudet.

L'œuvre capitale de Bizet, *Carmen*, opéra-comique en quatre actes, fut représentée le 3 mars 1875. Voici ce que dit de *Carmen* M. Louis Dauphin, dans son ouvrage : *Petite Anthologie des maîtres de la musique :* « *Carmen* peut être considéré comme étant la plus complète réalisation de la vérité ; nul n'a su déclamer aussi juste que Bizet dans *Carmen*. On dirait un *décalque* absolument fidèle de l'accent humain. Sa justesse de l'expression est impeccable ; sa phrase suit, avec des nuances d'une délicatesse infinie, les lignes les plus subtiles, les plus fugitives, soit dans les débordements de la passion, soit dans l'exposition des sentiments tendres ou familiers. *Carmen* est l'orgueil de la musique française. »

Chose digne de remarque : aucun des ouvrages de Bizet ne fut bien accueilli au premier abord. Il a fallu à chacune de ses partitions plusieurs auditions, pour consacrer leur valeur. Même pour *Carmen*, qui est un chef-d'œuvre, ce n'est qu'après une glorieuse tournée à travers toute l'Europe, qu'il fut écouté avec faveur en France. Mais la reprise qu'en a faite l'Opéra-Comique, le 21 août 1883, fut un véritable triomphe. L'auteur était mort subitement d'une affection du cœur, à Bougival, le 3 juin 1875, au moment où, malgré son jeune âge, il venait d'être créé chevalier de la Légion d'honneur.

Bizet n'a laissé aucun manuscrit achevé : comme tous les auteurs qui désirent s'approcher le plus possible de la perfection, il détruisait tout travail commencé qui avait cessé de lui plaire. Ainsi ont disparu, au grand regret des dilettanti, *la Guzla de l'Émir*, *Ivan le Terrible*, *le Cid*, *Geneviève patronne de Paris*, *la Fiancée d'Abydos*, etc... On raconte que Bizet, qui était doué d'une mémoire prodigieuse, avait composé entièrement sans écrire une seule note, les cinq actes de son grand opéra : *le Cid*. Il allait fixer ses belles inspirations, que seuls de rares amis ont pu entendre, lorsque sa main, glacée par la mort, a laissé tomber sa plume.

On a publié quelques volumes d'esquisses fort incomplètes, quelques fragments qui ont pu échapper à la destruction. Nous citerons parmi les morceaux détachés : *Griselidis*, *Clarisse Harlowe*, *la Coupe du roi de Thulé*, *Noé*, etc... En dehors de ses compositions scéniques et orchestrales, Bizet, qui était aussi un exécutant remarquable, a écrit des morceaux pour le piano : *Chants du Rhin*, *Jeux d'enfants*, *Venise*, une *Grande variation chromatique*, *Nocturne*, et des mélodies sous le titre de *Feuilles d'Album*. « Si les premières œuvres théâtrales de Georges Bizet témoignent de l'indécision d'un esprit qui cherche encore sa voie, les partitions de *l'Arlésienne* et de *Carmen* affirment nettement les tendances essentielles de sa nature, un perpétuel souci du pittoresque et de la rapidité de l'action. Suivant pas à pas le drame, sa musique ne veut d'autre but que d'accentuer le geste de l'acteur, la physionomie d'une situation sans jamais entraîner l'auditeur dans les régions d'au delà. Quant à l'essence même de cette musique, on y chercherait vainement la préoccupation d'une unité dans le style. Bizet est le continuateur de l'école d'opéra romantique français, inaugurée par Hérold, Halévy, Meyerbeer, etc..., rajeunie plus tard par la poétique de Gounod, et son œuvre est bien faite de cet éclectisme dont il se déclarait le champion dès le début de sa carrière dans un unique essai de critique, paru à la *Revue musicale*, sous le transparent pseudonyme de Gaston de Bœtzi, et dont il ne s'est jamais départi dans la suite. » (Raymond BONHEUR, *Grande Encyclopédie du* XIX* siècle.*)

« Quoique mort depuis dix ans déjà, Bizet brille encore au premier rang de la jeune école. Il fut longtemps méconnu, et des œuvres remarquables de lui, comme *les Pêcheurs de Perles* et *la Fiancée d'Abydos*, ont été accueillies froidement ; aujourd'hui, on rend une équitable mais tardive justice à *Carmen*, qui fut joué en 1875, trois mois avant la mort de l'auteur, au moment où celui-ci allait recueillir enfin le succès et la gloire qui lui étaient dus depuis longtemps. » (H. LAVOIX, fils, *Histoire de la musique*, 1885.)

Bizet, fils d'un musicien, compositeur distingué lui-même, avait épousé, le 3 juin 1865, Mlle Halévy, la fille du célèbre maëstro qui avait été son maître au Conservatoire.

FIN.

TABLE DES GRAVURES

Poitiers. — Imprimerie Oudin et Cie.